Johann Christian Bock

Mannheimer Schaubühne Hanno, Fürst in Norden

Ein Schauspiel in drei Aufzügen

Johann Christian Bock

Mannheimer Schaubühne Hanno, Fürst in Norden
Ein Schauspiel in drei Aufzügen

ISBN/EAN: 9783743440968

Hergestellt in Europa, USA, Kanada, Australien, Japan

Cover: Foto ©ninafisch / pixelio.de

Weitere Bücher finden Sie auf **www.hansebooks.com**

Personen.

Hanno.

Selgar, Hanno's vermeinter jüngster Sohn.

Esthwold, Hanno's vermeinter ältester Sohn..

Roßwina, Esthwold's geheime Gemahlinn.

Hilderich, ihr zweyjähriger Sohn.

Ornithe, die Prinzeßinn eines benachbarten Fürsten.

Hiaskal, ein Groser bey Hofe, und Roßwina's vermeinter Vater.

Balderich, Oberster der Leibwache, und Hanno's Favorit.

Riorban, Esthwold's Vertrauter.

Ein sprechender Soldat von Hanno's Leibwache.

Opferpriester.

Soldaten.

Gefolge.

Erster Aufzug.

Erster Auftritt.

(Hanno's Burg. Ein Saal mit mehreren in die Burg führenden Ausgängen.)

Hiaskal, Roßwina.

Hiaskal (mit stummer verbissener Wuth und Wildheit.

Da sind wir denn, Roßwina! da sind wir! Nun laß doch hören, was die Tochter dem Vater für Lehren zu geben hat!

Roßwina. Der entrüstete Hiaskal läßt jetzt Roßwina'n seinen verbissenen Grimm entgelten, nicht der Vater die Tochter. Traun! sonst würd' ich über mich wehklagen müssen, wie ich so zu verkennen gewesen wäre!

Hias-

Hiaskal. Nichts von dem! nichts! Was deine Winke gegen mich in Hanno's Gemach sagen wollten; das will ich wissen! Warum du deinem Vater so kühnlich in's Wort fielst, daß er dem Tyrannen all seine Vaterwuth in's Angesicht zu schäumen verhindert ward? Warum du mich gleich als gewaltsam von dannen führtest? Das will ich wissen! das laß mich wissen! — Nun — Werd' ich dir's abbetteln sollen? — Sprich, Roßwina! Sprich, und gib meinem Zorne Oel oder Wasser!

Roßwina. O möcht' ich sie löschen können, diese verhaltene Flamme, eh' sie ausbricht und alles rund um sich verzehrt!

Hiaskal. Und wenn sie ausbricht, diese brütende sengende Flamme, für wen bricht sie aus und verzehrt? Für's Volk! für des Volkes Rechte? für dich? für deine Erhaltung? Hiaskal muß um Roßwina eifern! der Vater um die Tochter! oder nicht etwa lieber mit stummem Zähnknirschen die Tochter des Landes, die Tochter seines Blutes dem Opferbeile preis geben?

Roßwi-

Fürst in Norden.

Roßwina. Noch aber ist's ja nicht über mein Haupt erhoben. —

Hiaskal. Und wer möcht' ihn dann einhalten?

Roßwina. Ich verehre deine Gerechtigkeitsliebe, mein Vater; und deine väterliche Zärtlichkeit schmelzt mein Herz. Aber — darf ich mich's auszusprechen erkühnen? — ist die eine nicht zu rauh, die andre nicht zu stürmisch?

Hiaskal. Ja, ja!! rauh und stürmisch ist Hiaskal — kein Affe, der mit seinen Jungen tändelt, aber ein Tieger, der sie vertheidigt. Und welcher unter beyden ist der beßere Vater?

Roßwina. Wer dir gleicht, der beste, mein Vater! — Nur verzeih', wenn ich's ohne Rückhalt heraussage — — eben diese heftige Leidenhaft, die dich so vor den übrigen Vätern auszeichnet, erschreckt dich ohne Noth vor ungewissen Gefahren, und entrüstet dich ohne Ursach.

Hiaskal (heftig). Ohne Noth? ohne Ursach?

Hanno,

Roßwina. Was giebt dir Anlaß, und was berechtigt dich, so ernstlich, so ungestüm drauf zu bestehen, daß nur ich von allen Jungfrauen im Lande die einzige seyn soll, deren Name nicht mit in die Urne des Todes geworfen werden dürfe? Nichts — als etwa, daß Fürst Hanno sich das mit seinen Töchtern ausbehält.

Hiaskal (mit bitterer Heftigkeit). Vorausbehält? Fürst Hanno sich's mit seinen Töchtern vorausbehält? Und das scheint dir so ein „Nichts etwa?." — (hefitzer) Ist oder fühlt sich der Unterthan minder Vater, als der Fürst? Hiaskal minder, als Hanno? — Die beleidigte Gottheit will nun einmal, daß am heutigen Tage jährlich das Blut einer erlauchten Jungfrau ihren Altar färben soll. Welche Jungfrauen im Lande sind erlauchter, als Hanno's Töchter? die Gottheit will hier von keiner Ausnahme wissen. Und Hanno will's? — Komm' er an, der sich so viel als strenger Handhaber göttliches Willens weiß — komm' er an, und lehr' er uns andere Väter durch sein eignes fürstliches Beyspiel Standhaftigkeit!

Zurück

Zurück mit seinen Töchtern, die unter dem und jenem seichten kahlen Vorwande auſſer Landes in Sicherheit sind! Hinein auch mit ihren Namen in die Urne des Todes! — Und nun laß ihn daſtehen, den fürſtlichen Großſprecher — laß ihn ſo da ſtehn, die furchtbare Urne ſchütteln ſehen, und mitempfinden lernen, wie uns unglücklichen Vätern zu Muthe iſt, wie uns Nerven und Herzen beben, wenn der fürchterliche Prieſter hinein langt in's Gefäß des Schreckens, und nun, ſelbſt mit leichenfarbnem Antlitz, den gepackten töchterlichen Namen zu entwickeln und auszuſprechen im Begriff iſt. — So laß auch ihn mit uns andern Vätern da ſtehen, daß er ſehe, und fühle, und ſchaudre — und ſich endlich einmal ſchämen lerne, wie er bisher nur die Rolle des ehrbaren Zuſchauers beym allgemeinen Trauerſpiele ſeines Volkes ſpielen konnte!

Roßwina. Iſt Hanno nicht Fürſt? Binden den Fürſten Geſetze?

Hiaskal. Sobald ſie die Gottheit ausdrücklich für alle giebt, unausbleiblich — (hohnlächelnd) wenn er auch, mit den Geſetzen der Menschheit sein Spiel treiben zu dürfen, Fürst wäre.

Roßwina. Doch bleibt er der Götter Dollmetscher. —

Hiaskal. Sie fodern klar und buchstäblich eine erlauchte Jungfrau zum Opfer. — Was ist dabey weiter zu dollmetschen?

Roßwina. Und wär' dem auch also, mein Vater — wer wollte sich entschließen können. —

Hiaskal. Ich! — Hiaskal ist schon entschloßen; und sein Entschluß steht, wie ein Eichbaum.

Roßwina. O wenn das ist, so muß ich für meinen Vater zittern! Fürstenzorn ist der Blitz eines Augenblicks; aber wer löscht die aufgehende Feuersbrunst? Wenn der Mächtigere gereitzt wird, wer mag vor ihm bestehen?

Hiaskal. Die gerechte Sache, und Hiaskal!

Roßwina. Vor den Göttern möchte das gültig seyn; aber auch vor ihren Bevollmächtigten auf Erden? — (den Kopf schüttelnd). O mein Vater! schon von längst her schien mir Hanno's Auge gegen dich gehäßig; und vorhin,

als

als du so zu eifern anfingst — o wie blitzt es! — und wenn du nun vollends dich auseifern wolltest. — —

Hiaskal. (sehr heftig) Ich will! und ich werde! — Immer sprich mir recht viel von Hanno's Haße, Roßwina! meine Sache wird desto gerechter, mein Muth desto entschlossener! — — Hört mich, ihr Götter, die ihr mit diesen blutigen Opfern versöhnt seyn wollt! Hört Hiaskal's bekannte Stimme! Hört Hiaskal's Schwur! so wahr ihr lebt, wollen wir andern Väter nicht fürder Hanno'n zum Schauspiel' an eurem Opfertische für unsre Töchter allein zittern! Auch er mit uns! auch Hanno der Vater mit uns! oder! — — ihr gabt ihm Töchter, wie uns! und regt sich der Vater im Unterthanen nicht eben so, als im Fürsten? — (Trompetenschall draußen) Ha! — Prinz Esthwold wird anlangen.

Roßwina. (erschrocken) Esthwold? Woher?
Hiaskal. Hanno hat ihn zurückberufen.
Roßwina. Wozu?
Hiaskal. Wer weiß das, als etwa sein Speichellecker Balderich! Hab' ich doch nur
heut'

heut' erst von seiner Zurückberufung gehört — Roßwina — du schweigst und bist getrost? — Jetzt muß ich den Prinzen einführen. — (geht hinaus.)

Zweyter Auftritt.

Roßwina. Mein Esthwold zurück? O an welchem Tage? O zu welcher Scene! — Und warum so unversehens? so insgeheim? warum so auf einmal von seinem siegreichen Heere zurück? — (seufzend) das könnte seine Bedeutungen haben. — — Wie; und ich seufze, ihn wieder aus dem Getümmel des Kriegs in meinen Armen zu sehen? wohlauf und mit Ehre gekrönt? — Wie manchmal wünscht' ich's! und doch — doch kömmt er mir heute zu früh! — (indem die andern hereintreten, tritt sie von der Seite.)

Dritter Auftritt.

Roßwina, Esthwold, Hiaskal, Kiorban, Gefolge.

Esthwold (indem er im hereintreten Hiaskal's Hand gefaßt hält) Glaubt mir's, guter Hiaskal, ich bin jung geworden im Kriege, und darin erwachsen; auch sind meine Leidenschaften und Sitten darnach, heftig und roh, und doch bin ich mitten unter meinen glänzenden Eroberungen nicht freyes und frohes Muths gewesen — hab' immer bey jedem meiner Triumphe so was vorgefunden, das mir all' die übertünchte Herrlichkeit vereckelte. (Hiaskal's Hand schüttelnd) Ich will mich bey euch hier erholen.

Hiaskal. (zurückhaltend und frostig) Will's euch von den Göttern gegönnt haben, gnädigster Prinz, als ob ihr schon mit ganz sonderlichen Gedanken nach Hofe zurückgekehrt seyd, und als Prinz und Held euch ganz besonders auszudrücken beliebt.

Esthwold. (seine Hand drückend) Laßt's gut seyn Hiaskal! wir wollen uns kennen lernen. — (wird Roßwina gewahr, und unterdrückt den sichtbaten Ausdruck stiller Freude) Ey seht! auch eure schöne Roßwina bey meiner Ankunft die erste! ein glückliches Omen!

Hiaskal. (wie vorher, nur bitterer) Viel Ehre für mich und meine Roßwina, gnädigster Prinz! und was bey all' der Ehre das glückliche Omen anbelangt —

Esthwold. (ihm in's Wort fallend) Davon ehstens! geht itzt, lieber Hiaskal, und meldet meinem Vater, daß ich da bin! ihr erlaubt doch, daß eure reitzende Roßwina hier bey mir verweilen darf?

Hiaskal (äusserst bitter) Was sollt' ich nicht, gnädigster Prinz! — Aber — (die Achseln zuckend) wie ihr zu sagen beliebtet — nur zur Erhohlung! —

Esthwold. (klopft ihm lächelnd auf die Achseln) Wie ich zu sagen beliebte — nur zur Erholung! —

Hiaskal. (gegen Roßwina) Roßwina — zur Erhohlung! — (geht hinein)

Esthwold. (zu Kiorban der mit dem Gefolge von vorne gestanden) Kiorban!

Kiorban. (zu ihm tretend) Prinz!

Esth-

Esthwold. (sehr vertraulich) Wir treffen uns wohl —

Kiorban. Ich will schon Acht haben Prinz — (geht und giebt seinem Gefolge einen Wink ihm zu folgen)

Vierter Auftritt.

Esthwold. Roßwina.

Esthwold (umarmt, sobald sie hinaus sind, Roßwina'n aufs feurigste) Bist wieder in meinen Armen, holdes Weib!

Roßwina. Halt ein, Esthwold! Fürstengemächer haben Augen und Ohren. Und wenn Roßwina, die Unterthaninn, als Prinz Esthwold's Weib kund und betreten würde; müßte sie nicht nach dem Gesetze des schmählichsten Todes sterben? O Esthwold! wenn ich dich nicht so liebte!

Esthwold. Sey gutes Muths, meine Roßwina! Wer könnte mich gehört haben! Und hätte sich auch das Herz über die Zunge versehn; dieser Arm würd' alles wieder gut machen, nun ich wieder bey dir bin!

Roß-

Roßwina. Wieder bey mir! (bedeutend) Soll ich den Göttern dafür danken, Esthwold? — Und warum nicht! — Willkommen — willkommen, Mann meiner Seele! — Aber wie so unerwartet?

Esthwold. Noch hab' ich selbst meines Vaters geheime Absicht bey diesem gählingen Rückrufe nicht ergründen können — auch kümmert sie mich wenig, denn mein Herz weiß von keinem Vorwurfe.

Roßwina. Von keinem Vorwurfe, Esthwold? Und nahmst Roßwina zum Weibe?

Esthwold. (feurig) Hätt' ich irgend eine Frevelthat auf mir, so würd' ich's zur Milderung anführen können: Mein Weib ist Roßwina! — Laß doch endlich ab von diesen Schwachheiten, Roßwina! — Leicht könntest du damit zur bösen Stunde mir mein jähes Blut aufrührisch machen — drum laß uns abbrechen, und schweig auf immer davon, bitt' ich dich! — Du bist das Weib meines Herzens; und bey den Göttern! Esthwold haftet für sein Weib! Weh' ihm, der dir ein Haar krümmen wollte! Ich würde mit dem reissenden Thier' um die Wette die

Zäh-

Zähne gegen ihn fletschen! — damit genug! —
(sanfter) Wir haben uns besser zu bewillkommen,
Roßwina! Achtzehn Monate von einander getrennt, und nun uns wieder gegeben! Haben
wir uns da nicht besser zu bewillkommen? —
Sag' mir, trautes Weib! wie giengs? wie
lebtest du? bist du noch, die du warst? hast
du meiner gedacht?

Roßwina. Fragt Esthwold? zweifelt er
dran?

Esthwold. O mit nichten! bey den Göttern — mit nichten! Ich müßt' ihre Strafe
fürchten, wenn ich dran zweifeln könnte! So
gewiß sie dich so reitzend für mich bildeten, Roßwina, so gewiß liebst du mich! so gewiß war
ich dein steter Gedanke, wie du der meine! Aber
wie kann ich's mich satt hören, wann du mir's,
auch tausendmal hintereinander, mit dieser Miene und Sprache des Herzens und der Liebe bekräftigst! O ich bin von jeher so begierig gewesen, das von deinen Lippen bejahen zu hören,
als ich begierig auf deinen Besitz war! — Laß
dich das Wort nicht anfechten, liebes Weib!
Schlag' drum die Augen nicht nieder! Ich wüßte

kein treffender Wort für meine heisse Leidenschaft; und dem Edeln ist's edel. Blick' auf, Roßwina! das Wort muste dir lieb seyn! immer blick' auf, liebe Mutter! — (indem ihn Roßwina verschämt und zärtlich anblickt) So — so! — ich bleibe dein Schuldner! und gleich sag' mir nun, was macht unser lieber kleiner Hilderich? Wie groß ist er gewachsen? Wird's ein hübscher Junge? Wem von uns sieht er am ähnlichsten? Lernt er bald laufen?

Roßwina. (so recht inniglich und ganz Mutter) O er läuft dir schon, Esthwold — er läuft, daß es eine Lust ist; und wenn er so zu mir gelaufen kömmt, sich an mein Knie hält, und mir so dreist mit seinem vollen blauen Aug' in's Auge sieht, so ist mir's, als sähst du mir in's Auge, wie du mich damals gewannst; wenn er mich anlächelt, als ob du mich anlächeltest; und was er vornimmt, als nähmst du's vor. O so manchmal hab' ich in süsser Täuschung den Jungen vom Boden aufgerafft und an mich gedrückt, als hätt' ich den Vater! — (verschämt die Augen niederschlagend) Sollst ihn nur erst seh'n, Esthwold!

Esth-

Esthwold. (hastig) Gleich will ich ihn
seh'n, liebes Mütterchen! gleich! gleich! gleich!
Du schmeichelst mir! dein Ebenbild wird er
seyn! deins! führ' mich zu ihm, Roßwina!
gleich führ' mich zu ihm! Ich muß wissen, wer
Recht hat!

Roßwina. (schüchtern) Wir vergessen uns,
Esthwold. Du darfst hier nur Prinz seyn, nicht
Roßwina's Mann und Hilderich's Vater. Noch
wächst er als ein Verbannter im Verborgenen
auf, unser Kleiner. Wie könnt' ich, wie dürft'
ich dich ohne Gefahr so gleich zu ihm führen,
als ich wohl möchte! O dieß Geheimniß unsrer
Liebe! wie manche schlaflose Nacht hat's mich
gekostet!

Esthwold. (feurig) Soll's nicht ferner!
Ich bin des Gaukelns endlich und endlich müde!
will dich nicht länger schüchtern und ängstlich
wissen um dein Verdienst! will nicht länger nur
im Verborgenen stolz auf dich seyn! will dich
öffentlich aufführen, und vor'm Volke mich damit brüsten, daß Roßwina Esthwold's Weib ist!
und das heute noch! eben heute noch! —

Roßwina. Heute? O daß Du mich an heute erinnern mußt! Wir haben heute mehr vor uns, Esthwold. Warum kannst du nicht eher oder nicht später!

Esthwold. (*hitzig und aufmerksam*) Wie das? Nicht eher oder nicht später?

Roßwina. Als heute — am jährlichen Opfertage einer Jungfrau des Landes Auch mein Name soll heute mit in die Urne. Hanno besteht hartnäckig drauf, und Hiaskal sträubt sich ungeberdig dagegen, wegen Honno's verschickten Töchtern. Dieser Zwist ist mir fürchterlicher, als alles.

Esthwold. Mein Vater besteht drauf? Hartnäckig? — Sollt' er etwa schon Muthmaßungen von uns haben?

Roßwina. Das wollen die Götter verhüten! Aber nein! dann wär' ich bereits als Opfer des Gesetzes in Verwahrung.

Esthwold. Wenn du das meinst, Roßwina, so erhole dich! — Ich denk', ich hab' alles für Land und Volk gethan, was ein Mann thun konnte, und denke sonach, daß ich auch ein Wort mit zu sprechen habe; und so

will

will ich mir's denn eben heute zur Vergeltung ausbitten — (man kann und wird mir's nicht abschlagen —) drauf bringen will ich im Fall der Noth, daß man dieß gräßliche Opfer verschiebt, bis die Götter nochmals drum befragt worden sind. So gewinnen wir Zeit, Roßwina —

Roßwina. Wenn's nicht schon gescheh'n wäre!

Esthwold. Gescheh'n? Und die Antwort des Priesters?

Roßwina. Kurz und räthselhaft! —

„Der Götter Zorn ist fürchterlich;
„Doch soll er euch nicht ferner schrecken,
„Sobald ein Zepterräuber sich
„In voller Unschuld wird entdecken."

Esthwold. Dunkelheit über Dunkelheit!

Roßwina. Und drum, Esthwold — wenn nun mein Name das Loos würde, was sollt' ich anfangen? Nicht daß ich dem Tode unter die Augen zu treten zitterte; nein! Roßwina weiß so gut als Eine, sich für's Vaterland aufzuopfern. Aber die Götter fodern das Blut einer Jungfrau; wie darf ich mich ihrem Altare nahen,

ich

ich Weib, ich Mutter! Verschweig' ich's, so fodr' ich die Götter gegen mich auf, bekenn' ich's Hanno'n; was soll ich anfangen?

Esthwold. Herz fassen! Hohe Gefahren verlangen hohen Muth. Hanno muß um unser Geheimniß wissen.

Roßwina. Um den Fluch des Gesetzes über mich auszusprechen?

Esthwold. Ein Fürst schrieb's nieder, das unnatürliche Gesetz, ein Fürst kann's tilgen. Der strenge Hanno ist drum doch Vater, und Esthwold sein Sohn; und wie viel diese Namen fassen, wissen auch wir. Ueberdem kann ich ohne Prahlerey meine Thaten das Wort für mich führen lassen. Ich kehre nicht wieder heim, wie ein Knabe vom Spielplatze; ich bring' eroberte Provinzen mit — kann auch ihrer noch mehr erobern, wenn's seyn soll! Und sollte Esthwold der Held nichts damit vor Hanno dem Fürsten bewirken können, so beugt sich Esthwold der Sohn vor Hanno dem Vater, umfaßt seine Knie, bittet sich Roßwina'n bey Vater Hanno zum Lohne aus; und wenn ihm meine Mutter treu war, so muß er nachgeben.

Roßwina. Wie so gern' ich dir's glauben möchte!

Esthwold. (etwas heftig) So glaub' mir wenigstens, Zweiflerinn, daß ich Mann für mein Weib bin! Mann! Mann! und wer mich damit bewährt finden will, der komme! Gib du mir getrost dein Schicksal in Verwahrung; es soll bey mir aufgehoben seyn, als ich in deinem Herzen aufgehoben seyn will. Das sey dir heilig, wie du mir bist!

Roßwina. O mein Esthwold! Roßwina ist dein! Roßwina's Schicksal dein! Hilderich's Schicksal dein! und alles in bester Hand! Und so fall' aus dieser deiner Hand unser Loos, wie es wolle — Roßwina unterzieht sich ihm mit frohem Muthe, geht tapfer, wie du, in den Tod, mit der Loosung: Ich sterb' als Esthwold's Weib! —

Fünfter Auftritt.

Balderich. Die Vorigen.

Balderich. Fürst Hanno freut sich, wie der ganze Hof, Eurer glücklichen Ueberkunft, gnädigster Prinz.

Esthwold. (kalt) Ich achte mich Fürst Hanno'n und dem ganzen Hofe dafür verbunden. — Werd' ich bald vor meinen Vater kommen können?

Balderich. Er wünscht, daß ihr hier verzieh'n möchtet, Prinz, bis er euch empfangen kann.

Esthwold. Ich bin meines Vaters erster Unterthan — (äusserst kalt, indem er sich von ihm weg und nach Roßwina wendet) und euer Diener.

Balderich. (geht mit verbissener Empfindlichkeit hinaus.)

Sechster Auftritt.

Esthwold. Roßwina.

Esthwold. Was mein Vater nur an dem geheimen Gesellen geselliges finden muß?

Roßwina. Dienstbare Dienstfertigkeit, Esthwold.

Esthwold. Mag wohl so seyn! Laß den Buttervogel seine Sommerzeit ausflattern! Mit Esthwold's Regierung kömmt sein Winter. — Geh' jetzt, liebe Roßwina, und sey gutes Muths! Wir werden von dir sprechen!

Roß-

Roßwina. Sprich, Eſthwold, was deinem Herzen genehm iſt! Nur — wenn dir Roßwina am Herzen liegt — ſo vergiß über dem Gatten den Prinzen und den Sohn nicht!

Eſthwold. (etwas ernſt) Laß du mich mir über, Roßwina!

Roßwina. (ihm zärtlich die Hand drückend) Und den guten Göttern, mein Eſthwold! — (geht)

Siebenter Auftritt.

Eſthwold. (nachdem er ihr voll Empfindung nachgeſehn) Stockblindes Glück du! Welch ein Weib iſt meine Roßwina! und nur halb bedacht'ſt du ſie! — Ließeſt ſie an Schönheit und Tugend ſo über alle hervor leuchten, und doch ſolch Meiſterſtück der Natur als Unterthaninn geboren werden! Deſto beſſer, vergeßliches Glück! So bin ich da, deinen Fehler wieder gut zu machen! Ueber kurz ſoll ſie der ganze Norden als Eſthwold's Gemahl, als Fürſtinn verehren! — — Ha! mein Vater! ich will der Zeit den Rang ablaufen, und es ihm zur Stunde darthun, welch fürſtliches Weib wir an Roßwina haben! —

Achter Auftritt.

Esthwold. Hanno. Balderich. Gefolge.

Hanno. (Esthwold die Hand reichend) Willkommen, Prinz!

Esthwold. (legt ehrfurchtsvoll seine Hand in Hanno's, und verbeugt sich) Euer Sohn, mein Vater!

Hanno. (ihm die Hand drückend) Dein Vater, mein Sohn! — (er giebt Balderich einen Wink, und dieser nimmt das Gefolge mit sich hinaus)

Neunter Auftritt.

Hanno, Esthwold.

Hanno. (vertraulicher) Willkommen zu Hause, mein Sohn Esthwold!

Esthwold. Nach eurem Befehle, mein Vater!

Hanno. Aber wohl nicht so ganz nach deinem Sinne, denk' ich immer. In Hanno's friedlicher Burg giebt's nichts zu schaffen für Esthwold den Krieger, für Esthwold den sieggewohnten Helden. Doch hieß dich mein Wink

so

so flugs Halt machen und berief dich zurück; das dir denn freylich nicht so ganz gelegen kommen mochte. Aber ich will dich bedeuten. — Deine Triumphe, Prinz, so viel Eroberungen für mich als für dich, sind mir lieb; doch wüßt' ich nicht, wie du 's bezweifeln könntest, daß du mir nicht lieber wärst. Deine zeitherigen Ermüdungen bedürfen die Erholung. Der immer in einem fort gespannte Bogen verliert von seiner Schnellkraft, und Tapferkeit ist der Erholung Pflegetochter. Deine Sache ist Verdienst, und meine, das Verdienst zu lohnen. Wenn der Prinz und Sohn seiner Thaten Rechnung so mit Ehren ablegt, als du, darf ihm der Fürst und Vater nichts schuldig bleiben. Ich bin überhaupt nicht gern schuld, und deswegen ließ ich dich kommen.

Esthwold. (flüchtig für sich hin) Pack' die günstige Stunde, Esthwold! — (zu Hanns) Von meinem ersten Besinnen an, bewahrt' ich in meinem Herzen das Tagebuch eurer Zärtlichkeit gegen mich auf, mein Vater. —

Hanno. Ich dank' dir 's mein Sohn! und doch muß dein Tagebuch, wie du sagst,
äusserst

äusserst mangelhaft seyn, weil du die ansehnlichste Summe meiner geheimen Gedanken für dich nicht mit drinn aufzeichnen konntest. That Esthwold im Felde für Hanno's Gerechtsame Wunder, so dachte Hanno in seiner Burg auf Esthwold's Vergeltung; und so blätter' ich ohnlängst aufmerksam, wie mein Gesetzbuch, deine verschwiegenen Wünsche durch, und sieh! da stieß mir einer auf, den ich zeither immer überblättert haben mußte. — „Esthwold muß nach gerade dem Volke des Landes künftige Mutter an seiner Seite darstellen." — Das stand so leserlich da, daß ich mir selbst von wegen des Ueberblätterns bisher stracks einen derben Verweiß gab. — Und nun sag' mir', Esthwold, sag' mir, als ob du's zu dir selbst sagtest — las ich nicht richtig?

Esthwold. (wendet sich verlegen bey seite) Ganz gewiß hat er mich mit Roßwina ausgespäht!

Hanno. Du bejahst mir's stillschweigend, mein Sohn; und eben dieß ehrerbietige Stillschweigen bringt dich mir um so viel näher, daß ich dir unverweilt zu Gefallen leben muß.

Wahr

Wahr iſt's, wenn ich offenherzig ſeyn ſoll — ich ſtuzte bey der Wahl des Weibes für dich — die Tochter war mir um des Vaters unaufhör= lichen Neckereyen willen zuwider — ich meinte, (und meinte mit Recht,) daß ich mir gar viel damit vergäbe, ihm das Wort um ſeine Ein= willigung zu gönnen — überlegt's mehr als ein= mal — ſann hin, ſann her — wuſte mich lange Zeit nicht weiſe genug. — — Endlich auf ein mal, als von den Göttern eingegeben, kam mir der Gedanke: Eſthwold kann glücklich mit ihr ſeyn! — und beſchloſſen war 's!

Eſthwold. (wie vorher Er deutet auf Hiaß= kal und Roßwina. Da iſt weiter kein Zweifel.

Hanno. Was mir auch hier und da, und ſo und ſo dagegen einfiel, nichts von dem allen kam dagegen auf. Und ſo war's beſchloſſen, Eſthwold, ſo iſt's beſchloſſen, ſo bleibt's be= ſchloſſen!

Eſthwold. O mein gütiger Vater! jetzt gabt ihr mir Leben, daß ich's fühlte! — Flü= gel möcht' ich haben, hinzufliegen, das Weib zu packen, und euch's ſo in meinen Armen zu Füſſen zu legen!

Han=

Hanno. Spar' deinen Wunsch für einen andern Wunsch, Esthwold! dein Bruder Selgar könnte wohl schon unterwegens mit ihr seyn.

Esthwold. Schon unterwegens mit ihr seyn? — Nun so geben die Götter, daß ich euch ehstens so überraschen möge!

Hanno. Er hat meine Befehle, ihrer am Hafen zu warten.

Esthwold. (stutzig) Am Haven?

Hanno. Wir erhalten den Boten, sobald das Schiff gelandet ist.

Esthwold. Welch Schiff, mein Vater?

Hanno. Das dir Ornithen, Fürst Alarich's Tochter, zur Braut überbringt.

Esthwold. (weggewandt und heftig) O ihr Götter!

Hanno. Ich gab dir's nicht umsonst vorhin zu verstehen, Esthwold, daß ich eben so stutzte über die Wahl des Weibes für dich, als du jetzt. Gegenseitiger Groll war schon von Urvätern her hier und dort zwischen uns erblich; und vor zwanzig Jahren hätt' ich im Traume mein Schwerdt auf dich gezückt, wenn du mir Alarich's Tochter an deinem Arme zu-

ge-

geführt hätteſt. — Inzwiſchen — Zeit verändert die Sache, Eſthwold! Alarich ſteht auf der Grube; Ornithe iſt die einzige Erbinn eines ergiebigen Landes, das ſie dir zur Mitgift bringt; und das gab mir den Ausſchlag. Was haſt du drauf zu ſagen?

Eſthwold. (äuſſerſt verlegen) Drauf zu ſagen, mein Vater? — Nichts — — als etwa — (weggewandt) O wie war ich getäuſcht! —

Hanno. (ernſt und gebieteriſch) Was etwa?

Eſthwold. (feurig) Daß mich zeitlebens kein Feind ſo überfiel!

Hanno. (mit vertraulichem Lächeln) Als ich dich jetzt mit dieſer Braut? Von ſolchem Feinde, als der Ruf die männlich=ſchöne Ornithe verkündigt, mag ſo ein Ueberfall allenfalls noch angehen, Eſthwold. — Auch wüßt' ich rund herum für dich kein ander Gemahl fürſtliches Geblüts.

Eſthwold. Fürſtliches Geblüts oder nicht, mein Vater! Was thäte das!

Hanno. (ernſt) Was es thäte? — Die Schatten unſrer Ahnherrn würden aus ihrer Ruhe verſtört um ihre Gräber ſpücken! Ihr hei-

heiliges Gesetz belegt jedes Weib mit unaussöhnlichem Todesfluche, das sich diebisch und frech von dem Unterthanen in's fürstliche Bett geschlichen; und mit meinem Blut und Leben will ich's aufrecht halten, dieß ehrwürdige Gesetz!

Esthwold. (verbissen) Dieß ehrwürdige Gesetz? Fürstengeburt hat freylich Gewicht; aber wiegt Menschheit nicht über? —

Hanno. (sehr ernst) Prinz! —

Zehnter Auftritt.

Balderich, Vorige.

Balderich. (gegen Hanno) Gnädigster Herr — Prinzeßinn Ornithe. —

Hanno. Wo?

Balderich. Ohnweit der Burg.

Hanno. Und wo ihr Bote?

Balderich. Unterwegens verunglückt.

Hanno. (zu Balderich) Daß sie mit allem Gepränge eingeholt wird!

Balderich. (geht)

Hanno. (zu Esthwold) Esthwold! sie kommen an. Der geschickteste sie zu empfangen bist du.

Esthwold. Ich?

Hanno. Und wer sonst? Du würdest mich ihr entgegen begleiten helfen, hätt' ich leider nicht eben den jährlichen schweren Gang in den Hayn der Götter zum täglichen Jungfrauen‑opfer vor mir. — (geht)

Esthwold. Aber verzieht, mein Vater — laßt euch erst sagen —

Hanno. (bleibt stehen) Nun? — da ver‑zieh' ich — laß hören! —

Esthwold. Laßt euch sagen — — (bey‑seite) Wo will ich hinaus? — (zu ihm) Laßt's euch bekennen — — (beyseite) das Wort erstirbt mir — — (zu ihm) dieß Opfer, mein Va‑ter — — jenes Gesetz — mein Weib — — — weg mit Weib und Gesetz' und Opfer! —

Hanno. Prinz! jetzt wär's auch Zeit, sich zu äussern — anzustehen — wohl gar zurück zu treten! — — Fürst Hanno gab Zusage um Zu‑sage, und der Knoten ward unauflöslich ge‑schürzt! Wortbruch entehrt den Thron, und

wir

wie kann eine Hand das Zepter emporhalten, die mit dem Handschlage lügt! —

Esthwold. Aber in solchem Nothfalle, mein Vater —

Hanno. (etwas heftig) Was ist Nothfall, Prinz, gegen Treu' und Glauben? und so ward Nothfall oft großer Thaten Vater. — (geht)

Eilfter Auftritt.

Esthwold. (voll heftiger Leidenschaft) Verborgene Götter! Womit wohl könnt's die schuldlose Roßwina um euch verwirkt haben, daß eure eisernen Schicksale so Heuschreckenfältig hinter ihr drein sind! O erbarmt euch der armen Verfolgten, und schützet sie, ihr himmlischen Mächte, die ihr selbst unsern Seelen dieß keusche Sehnen einbliest, die ihr allein unsers züchtigen Beylagers heilige Zeugen wart! Nehmt sie in euren Schutz, oder gebt mir ein, was ich heilsames in eurem Namen für sie zu thun habe! — (Trompetenschall von draussen) Horch! — (bitter) Esthwold's Braut läßt sich austrompeten — —Armes Mädchen! wenn du sonst Niemand hast; so laß dir allein betten! — — Und wärst

wärst du der Schönheit Erstgebohrne — in diesem Augenblicke würd' ich deinen Anblick nicht ertragen können, und zum Gottesläugner an dir werden! — (Geht eilig auf einer Seite ab, indem die andern von draussen hereintreten)

Zwölfter Auftritt.

Ornithe, Selgar, Balderich, Gefolge.

Selgar. (Der Ornithen mit verstörter Miene hereinführt) Laßt's euch hier gefallen, Prinzeßinn! Wir werden uns alle um euer Wohlwollen beneiden. — (zu Balderich) Balderich — weiß mein Vater — weiß mein Bruder —

Balderich. Ich habe mir's zum Verdienst gemacht, gnädigster Prinz, der erste mit dieser Nachricht zu seyn.

Selgar. Wie? — Sie wissen's? Esthwold weiß — und kann zaudern? — — (gegen Ornithen) O ich würde mich nicht bis zu eurer Ankunft haben fristen können, schöne Prinzeßinn! (Ornithe die Selgar immer mit aufmerksamem Blicke erforscht. Ich bin nicht für Gepränge, Prinz — weder in Worten — (indem sie auf Balderich und das Gefolge deutet) noch Gebräuchen.

Selgar. (zu Balderich) Laß uns! —
Balderich. (geht mit dem Gefolge hinaus)

Dreizehnter Auftritt.

Selgar. Ornithe.

Selgar. (mit sichtbarer zunehmender Verwirrung) Wollt ihr, daß ich euch meinem Bruder zuführen soll?

Ornithe. (immer forschender) Prinz — was ist's mit euch? Woher seit etlichen Tagen so verstört, so gedankenvoll, so sparsam mit Worten, so schwelgerisch mit Blicken gegen mich? Und so oft ich drob mit freundschaftlichen Vorwürfen in euch drang; woher jedesmal die vielversprechende Miene, und hinterdrein nichts, als ein verschwiegener Seufzer? — Wo unterwegens hab' ich den muntern, freyen, gesprächigen, witzigen Selgar verloren, der mich am Haven empfieng? Steckt die Luft um Hanno's Burg mit dieser widerwärtigen Laune an? Führt bey euch zu Lande also düsteres Blicks der Bräutigam die Braut in seine Kammer? Soll das Vorbedeutung auf die Stunde der Hochzeit seyn?

Sel-

Selgar. Nichts von so schwüler Vorbedeutung, schöne Prinzeßinn! Wer Ornithen in seine Kammer führen darf, ist der Götter Liebling und ihrer Wohlthaten Wunderbild. Nur mich allein zeichneten sie zu Leiden aus; und sie werden wenig oder nichts mehr hinzuthun dürfen, um ihr Werk an mir zu vollenden. Es steht dahin, ob noch Einer auf Erden sich mit mir messen kann!

Ornithe. Und das ist's alles, womit ihr mich verständigen wollt? Gilt euch mein Zuspruch, mein Vertrauen nicht mehr?

Selgar. Ihr befehlt, Prinzeßinn — und ich muß gehorchen! — (unschlüssig) vom ersten Augenblick an — wenn ich mir den so lebendig denke — und dann mir heute hinzu denke — heute! — — O bey den Göttern! laßt mich schweigen, laßt mich euren Unwillen vermeiden!

Ornithe. Doch wohl nicht etwa damit, daß ihr so wenig Vertrauen in mich setzt? — Zwar — s'ist ja wahr — ich bin ein Weib; und es würde mit eurem Geheimniße schlecht bey mir bestellt seyn. Schön recht, daß ihr damit an euch haltet.

Selgar. Nicht weiter, Prinzeßinn! — und so fahr dann' wohl, Geheimniß meiner Seele! — — Aber wenn's eurem Ohre Mißlaut ist, so meßt's wenigstens nicht mir bey! — Es ist hinfort um meine Ruhe gethan! Ornithe hat mich drum bezaubert! Diese zwey allgewaltigen Augen sind meine Gottheiten! Ich bete sie an; aber nur wie ein Blödsinniger, der an der Götter Erhörung zweifelt, und so seines Blödsinns Opfer wird! Da habt ihr mein Geheimniß, Prinzeßinn! Nun schaltet damit!

Ornithe. Wie, Prinz! was wagt ihr für eine Sprache?

Selgar. Sagt' ich's euch nicht zum voraus? und preßtet ihr mich nicht dazu?

Ornithe. Weil ich euch keinesweges so unvorsichtig wähnen konnte —

Selgar. Habt ihr euch nie im Spiegel gesehen?

Ornithe. Wenn ihr so fortfahren wollt, Prinz Selgar, muß ich euch Stillschweigen auflegen.

Selgar. Um eurer selbst willen nicht, Ornithe! habt ihr mir das Bekenntniß meines
Ver-

Verbrechens, abgenöthiget; so müßt ihr auch so gerecht seyn, und mich mit der Entschuldigung zum Worte kommen lassen.

Ornithe. Die möcht' ich hören!

Selgar. Das sollt ihr, und mich um meiner verzehrenden Liebe zu euch bemitleiden! — Heißt in Ornithen entbrannt seyn, gesündigt, so hat Fürst Hanno diese Sünde auf sich.

Ornithe. Hanno?

Selgar. Daß er eben mich ausersah, euch Zauberinn für einen andern als mich in seine Burg einzuholen! Hatt' er nicht mehr Nachdenken? Besann er sich nicht auf sich selbst in meinen Jahren? Sollt' er euch nicht allerdings einen ehrwürdigen Greis statt meiner entgegen gesandt haben. Wollt ihr's dem Strohe zurechnen, daß es auflobert, wenn Feuer sein nächster Nachtbar wird? oder mir, daß ihr so wunderschön seyd, und ich nicht blind bin? — Ich sah' euch, und ward entzückt! Täglich und stündlich um euch, wie der Priester an heiliger Stätte um die Gottheit, wie sollt ich da nicht zum Anbeter werden! Als Hanno's Abgesandter und Esthwold's Bruder hielt ich mich jeden Augenblick sich nicht nur berechtigt — verpflichtet hielt ich mich, um euch geschäftig zu seyn! Mein Herr gab dem Kinde den Namen: Schuldigkeit! und es hieß Liebe! Hundertmal dacht' ich für meinen Bruder das Wort zu führen, und war meiner eignen Leidenschaft Vertreter! —

Ornithe. (beiseits mit geordneter Leidenschaft) Gieng mir's besser mit Bruder und Bruder? — (mit erzwungenem Scheine zu ihm) Ihr seht, Prinz Selgar, wie unerwartet mir das von euch kömmt —

Selgar. Unerwarteter wahrlich nicht, als mir dieß „Unerwartet,, von euch! Denn ihr müßt nun vollends wissen, wie weit mich meine bezauberte Eigenliebe zum thörigten Sterndeuter an euren Augen machte. — Ich begieng mich unterweilen bis dahin, als verständen sich unsere Seelen auch ohne das armselige Werkzeug der Zunge; als entdeckt' ich in eurem Siegerauge oft so etwas schmachtendes, das ich mir schmeichlerisch für mehr als unmündige Freundschaft auslegte —

Ornithe. Prinz — Ihr treibt eure Kurzweil mit meiner Nachsicht! Ich will hinführo

nichts

davon gedacht wissen!

Selgar. Auch nichts einmal gedacht davon [...]sen? O bey den Göttern! das sollt ihr mir [...] wehren.

Ornithe. Ihr kramt mit Worten, hör' [...], und so muß ich euch dann bescheiden: Von [...] an nichts mehr von dem allen; oder ich [...] euch aus dem Wege gehn. — Verstanden?

Selgar. (indem er gehen will) Wie ihr [...]!

Ornithe. Wohin, Selgar?

Selgar. Euch meinen Bruder, euren Esthold zuzuführen.

Ornithe. Und mich hier so allein stehen lassen, als gehört ich nicht herein?

Selgar. Wir finden uns oft besser allein, in überlästiger Gesellschaft.

Ornithe. Wer gab euch das zu verstehen?

Selgar. Ich versteh' auch, was man nicht verstehen geben will.

Ornithe. (mit herausplatzender Leidenschaft) Selgar — so versteht ihr nichts!

Selgar. (feurig zufahrend) Weiter! wei[...]!

Ornithe. (sich von ihrer Uebereilung samm̃elnd) Ich dachte nicht dran, daß ich euch abhielt, Prinz —

Selgar. (stutzig) Wovon, Prinzessinn?

Ornithe. Wolltet ihr mich nicht euren Bruder kennen lernen?

Selgar. (verbissen) Richtig! richtig! seinetwegen hab' ich ja die Ehre gehabt, euch hier einzuführen, und was ich auf mich nehme, mag ich nicht gern halb thun. Ich muß euch sogleich mit ihm bekannt machen. — (Indem er gehn will tritt Esthwold herein) Aber seht — auch damit soll ich kein Verdienst weiter um euch haben — — Hier kömmt er schon, den ihr gern wollt kennen lernen. — — (mehr leidend als bitter) Das ist Prinz Esthwold, Hanno's Erstgeborner!

Vierzehnter Auftritt.

Esthwold. Die Vorigen.

Esthwold (tritt eiligst herein, stutzt, da er Ornithe gewahr wird, bleibt von fern stehen, und sagt auf Selgar's letzten Worte, indem er sich gegen Ornithen verbeugt) Und das sonder Zweifel die berühmte Ornithe, Fürst Alarich's Zierde?   Sel-

Selgar. Mit der ich dich bekannt zu machen habe, Bruder Esthwold —

Esthwold. Ich dank' dir für deine gehabte Mühe um mich, Bruder Selgar. Du würd'st mich vollends zu deinem Schuldner machen, wenn du uns ganz unter uns bekannt werden liessest.

Selgar. Ist nicht mehr als billig! — (geht hinein)

Fünfzehnter Auftritt.

Esthwold. Ornithe.

Esthwold (mit edler Freimüthigkeit) Prinzeßinn — wir sollen miteinander bekannt werden; und mir kömmt es zu, diese Bekanntschaft einzuleiten —

Ornithe. Prinz Esthwold hat schon so viel für sich, daß man auch in fernen Landen im voraus bestens mit ihm bekannt ist.

Esthwold. Wenn ich das von euch gesagt hätte, reizende Ornithe, würd' ich der Wahrheit das Wort aus dem Munde genommen haben. Aber ich — möchte wohl nirgends so recht be-

bekannt seyn, und gerade euch wahrscheinlicher Weise am wenigsten.

Ornithe. Ihr macht mich äusserst aufmerksam, Prinz.

Esthwold. Womit ihr mir herzlich willkommen wäret; denn Aufmerksamkeit muß unsers Bekanntwerdens unbestochene Vertraute seyn.

Ornithe. Was wollt ihr damit?

Esthwold. Euch um Gehör, um Geduld, um Gelassenheit gebeten haben. — Wir laufen beyde so eben die augenscheinlichste Gefahr, Prinzeßinn, an Ehr und Leben Schiffbruch zu leiden; und das ohn' unser beyder Verschulden. Ihr allein, so bald ihr nur das Wollen habt, könnt beides bergen.

Ornithe Wie das?

Esthwold. Unsere Väter haben sich beiderseits übereilt, daß sie's bereits einander auf ihr heiliges fürstliches Wort zugesagt, Mann und Weib aus uns zu machen, ohne erst zu fragen: „Magst du? kannst du?" — Sobald nur das Mögen in Betracht käme, Prinzeßinn, würde sich um eures treflichen Reitzes willen jeder Gott ohne

Be-

Bedenken Mensch wünschen, an eurer Seite zu liegen, wenn's mit dem Wünschen gethan wäre; aber das Allmosen des Könnens hat einzig ein unerforschliches Fatum in seiner Hand, und spendet's aus, wo's angewandt ist. So erkannt' es mich nun und nimmer für den Mann, der sein bischen Ruhm dadurch krönen möchte, damit einher zu stolziren: Ornithe, die Fürstinn unter den Fürstentöchtern, ward Esthwold's Weib — und so befestigt es eine unzugängliche Kluft zwischen uns beyden! — — Mein Vater selbst kannte sie nicht, als er, sehr väterlich, euch unter allen für mich dachte und beschloß; und ich konnt ihm die Augen so im Hui nicht öfnen. Nun ihr hier seyd, Prinzeßinn, ist's nunmehr an euch, euch selbst, von mir die öffentliche Antwort zu ersparen: vortrefliche Ornithe, ich bedaure — aber ich kann euer Mann nicht seyn! Ihr müßt nun hintreten und sagen: Ich mag Esthwold nicht! — und dann setzt hinzu, was ihr erdenten könnt! — Erklärt mich, so frey als ich's euch anrathe, für unausstehlich! — ich bin's zufrieden! — Macht von meinen mindesten Gebrechen die Zwerge zu Riesen! — es soll mir lieb seyn! — Macht mich herunter zu

gar nichts! — desto besser! — alle eure beredt-
samen Vollkommenheiten werden mit euch gegen
mich auftreten, und eure Ehre, meine Ruhe,
mein Leben werden geborgen seyn! —

Ornithe. (beleidigt) Wie war das?

Esthwold. (mit seiner vorigen Freymüthigkeit)
So, als ich's euch zum zweytenmale nicht sagen
kann, und worüber ihr nun zu beschliessen habt.—
Meine fernere Gegenwart würd' euch ohnstrei-
tig hin und her treiben, und ich hab' Ursach,
euch ganz unangefochten beschliessen zu lassen.
Aber mein Bruder Selgar wird mir's verdienst-
lich zu gefallen thun, euch drum nicht zu ver-
absäumen. — (will gehen)

Ornithe. (heftiger) Und das ist's alles,
Prinz?

Esthwold. (wie bisher) Alles, Prinzessinn, was ich auf meinem Herzen hatte — und
nun befragt euer Herz drum, was ihr zu thun
habt! — (geht)

Sechszehnter Auftritt.

Ornithe. (wütend) All ihr Götter! mir
das? Ornithen das? Der einzigen Erbin von
des

des großen Alarich's Haab und Land und Zepter diese Schmach in's Angesicht? O so seyd mir gnädig zu Rache! —

Siebenzehnter Auftritt.

Selgar. Ornithe.

Selgar. Mein Bruder gab mir einen Wink, euch aufzuwarten, Prinzeßin —

Ornithe. (wild) Woran er wider Wissen sehr wohl that! — (faßt heftig seine Hand) Habt ihr Herz, Selgar?

Selgar. Eh' ihr mir's nahmt, wußt' ich, daß ich's hatte.

Ornithe. So horcht auf! aber verhört mir nichts! — Wenn ihr vorhin als Mann spracht, so ist meine angefallene Ehre in guten Händen.

Selgar. (gierig) Noch hab' ich nichts verhört, Prinzeßinn. Mehr! mehr!

Ornithe. Herz, Hand, Bette, Zepter, alles, was mein ist und mein werden kann, sey euer! Hätt' ich die ganze Welt drauf zu setzen, die ganze Welt setzt' ich zum Preise!

Sel-

Selgar. Wofür? wofür?

Ornithe. Für des überkühnen Esthwold's Blut!

Selgar. (erschrocken) Für das Blut meines Bruders?

Ornithe. Wie? Blut macht euch blaß? So gehabt euch wohl! Es wird doch noch ein Mann in der Schöpfung aufzufinden seyn, der mich und das alles zu verdienen weiß!

Selgar. O nur für mich ist der Preis zu hoch!

Ornithe. Zu hoch? — Wir haben ausgeredt, Prinz! Art läßt von Art nicht, und ein Bruder wie der andre!

Selgar. Was auch unter euch vorgefallen seyn mag, Prinzeßinn — lästert mich nicht so! meine Liebe zu euch ist mir eine heilige Gottheit — —

Ornithe. Die sich solchergestalt eures kahlen Gottesdiensts im Zorne zu schämen hat! Altäre erfordern geweihte wohlgefällige Söhnopfer; und ihr entsetzt euch, zu schlachten? meint, mit plapperndem Lippengepränge sey alles gethan? — Ich bedarf eurer nicht weiter, und will meinen

Weg

Fürst in Norden. 49

Weg zu Hanno schon selbst finden! — (geht hinein)

Achtzehnter Auftritt.

Selgar. Ha! welche Wuth! und doch nicht entstellt! Doch hatte sie nur das richtende Auge einer zürnenden beleidigten Göttinn. — Was hat Esthwold gegen sie verbrochen, daß ich meine Hand in sein Blut tauchen soll! in's Blut meines Bruders! Todesschauer überläuft mich schon beym bloßen widerwilligen Gedanken! — Und mit welchem Trotze, mit welcher gebietrischen Stirne sie mich dazu aufforderte! Und eben dieser Trotz, eben diese gebietrische Stirne reitzen mich an sie! Eine gewisse unnennbare Größe unterscheidet sie so von allem, was Mensch ist, daß sie auch mitten in Wuth Ehrfurcht erweckt und Liebe einflößt. Zorn und Gefälligkeit steh'n ihr gleich schön an. Ihr Lächeln ist wie das ruhige Morgenroth, und ihr zürnender Blick wie der strahlende Nordschein. O sie ist reitzend, wie die Göttinn der Liebe, und unwiderstehlich, wie die Göttinn des Schicksals! —
(geht Ornithen nach)

Neunzehnter Auftritt.

Hiaskal. Roßwina.

Hiaskal. (führt durch eine andre Thüre wü̈tend Roßwina'n an der Hand herein.)

Roßwina. Wohin, mein Vater? Wohin so tobend, so schnaubend?

Hiaskal. In die wüstesten Wälder, mit den Wölfen zu leben! auf die wildesten Steinklippen, mit Bären Freundschaft zu machen!

Roßwina. Weh uns!

Hiaskal. Immer laßt's euch recht sauer werden mit euren Kindern, ihr Väter! in Hoffnung, auf eure alten Tage Freude dran zu erleben! — Freude? Ja da wartet nur! wartet!

Roßwina. (erschrocken bey seite) Ich bin entdeckt und des Todes! — (zu ihm) O um der barmherzigen Götter willen, mein Vater — Mitleid! Mitleid!

Hiaskal. Mitleid? Wie lang' ist das schon samt der Gerechtigkeit bey uns des Landes verwiesen!

Roßwina. (will ihm zu Füße fallen) Zu euren Füßen laßt mich —

Hiaskal. (hält sie) Was willst du?

Roßwina. Mit meinen Thränen sie netzen!

Hiaskal. Hier muß mehr seyn, als Thränen!

Roßwina. Wenigstens hört mich —

Hiaskal. Jetzt höre du mich! du sollst fort von hier, fort, so weit dich meine väterlichen Arme schleppen können! und ohne Verzug! Daß du mich ja hier erwartest, denn ich bin ungesäumt wieder zurück! Es wird doch hoffentlich noch irgend eine Höhle oder Steinkluft für dich auf dem weiten Erdboden übrig seyn! — (geht eilends hinaus)

Zwanzigster Auftritt.

Roßwina. O ich Elende! Wohin — wohin wird er mich schleppen, eines langsamen Todes zu verschmachten? — O Esthwold! o mein Hilderich! fort von euch soll ich in die entlegenste Wüsteney vielleicht! und ohn' euren Abschiedskuß fort von euch! ohn' einen einzigen Abschiedskuß fort von euch! —

Ein und zwanzigster Auftritt.

Esthwold. Roßwina.

Esthwold. (feurig) Da find' ich dich ja endlich, Leben meines Lebens!

Roßwina. Aber wie, mein Inniggeliebter, wie findst du deine Roßwina im Begriff, dir ewiges Lebewohl sagen zu müssen?

Esthwold. Ewiges Lebewohl sagen zu müssen? mir?

Roßwina. Dir, mein Trauter, und unserm holdseligen Hilderich! Ewiges Lebewohl euch beyden! Bey meinem Andenken, Esthwold, beym Andenken an jene Götternacht leg' ich dir's an dein Vaterherz, dieß kostbare Pfand unsrer unüberschwenglichen Liebe! Nimm ihn in deinen Arm, den Herzensjungen! drück' ihn an deinen Busen! erstice seine Fragen nach mir mit brünstigen Küssen, und weine deinem rothbäckigten Ebenbilde küssend auch eine glühende Thräne um seine unglückliche Mutter die Wange herunter!

Esthwold. Roßwina! — sprichst du irre?

Roßwina. O ich wollt's! ich wollt's! ich könnte meinen Verstand um keinen höhern Preis los werden!

Esthwold. Nun so heraus mit, Weib! Vielleicht bringst du mich um meinen damit! heraus mit! Was steht uns bevor?

Roßwina. Trennung! ewige Trennung! ohne Zweifel ist meinem Vater unser Geheimniß entschleyert. Trunken von Wuth will er mich fortschleppen ans äusserste Ende der Erde, will mich von den Menschen unter die Thiere verbannen, und so seinen Zorn an mir sättigen. Ich kenne die Hartnäckigkeit seines Grimms, und habe nichts mehr zu hoffen!

Esthwold. Hoff' und sey männlich, trautes Weib! du bist an Esthwold's Seite!

Zwey und zwanzigster Auftritt.

Hiaskal. Die Vorigen.

Hiaskal. (eiligst herein) Rüstig, Roßwina! rüstig!

Esthwold. Roßwina bleibt!

Hiaskal. Wer will das? Wer sagt das?

Esthwold. Ich!

Hiaskal. Ihr? Wer meint ihr denn, daß ihr seyd?

Esthwold. Esthwold!

Hiaskal. Hanno's Sohn? — So nehmt's einem Vater nicht übel, wenn er sich so wenig aus Hanno's Sohne macht, daß er gegen ihn seine väterlichen Rechte auch mit dem Schwerd in der Hand vertheidigt! — (zieht, und will nach Roßwina)

Esthwold. (zieht ebenfalls und tritt vor Roßwina) Und ihr nehmt's ebenfalls nicht übel, wenn einer, der gleiches Recht hat, euch euer trotziges Gebot zurück bietet.

Roßwina. (wirft sich zwischen sie) Prinz, was beginnt ihr! — Was denkt Ihr, mein Vater!

Hiaskal. Recht, Grausamer? Welche unterirdische Gottheit kann dich berechtigen, einem unglücklichen Vater die Arme zu fesseln, der seine unschuldige Jungfrau von den Klauen des blutdürstigen Opferpriesters erretten will?

Roßwina. (erschrocken bey seite) Ihr Götter! was hör' ich!

Esth-

Esthwold. (auf ihn zugehend) Erklärt euch näher!

Roßwina. (hält Esthwold, und sagt flüchtig zu ihm) Halt ein, Lieber! er weiß von nichts. Ich war im Irrthume.

Hiaskal. Wer seyd ihr, daß ihr dem überwältigten Vater euer Schwerd auf die Brust setzen wollt, um das geschärfte zweyschneidige Opfermesser an der Kehle seines ohnmächtigen und wehrlosen Kindes blinken zu sehen? — Hanno's Sohn? — — Nun dann! so geben euch die allmächtigen Götter dermaleinst Söhne, damit sie auf den Nacken getreten, und Töchter, auf daß sie geschändet werden!

Roßwina. (flüchtig und leise zu Esthwold) Laß uns nicht noch zu Verräthern an uns werden, Esthwold!

Esthwold. (der einen Schritt zurück getreten, und sein Schwerdt sinken gelassen hat, zu Roßwina) Fürchte nichts, und laß mich frey zu ihm sprechen! — (zu Hiaskal) Wenn ihr über solchen Vorsatz in Raserey kamt, Hiaskal, so verstanden wir uns nicht, so lob' ich euch drum! — (steckt sein Schwerd ein)

Hiaskal. Prinz!

Esthwold. Wir verstanden uns nicht, sag' ich; und wie konnten wir uns verstehen? Roßwina'n fand ich hier in schwermüthigen Thränen; ihr kamt auf sie herein gewütet. Was sollt' ich denken? Und hatt' ich auch einmal Zeit zu denken? Euch so zu erblicken, und mit Roßwina's Beschirmung gegen eure vermeinte Wuth der Götter Stelle zu vertreten, war die Sache eines Augenblicks; und so trafen wir auf einander.

Hiaskal. Roßwina's Beschirmung eure Sache, Prinz Esthwold? (steckt sein Schwerdt ein) So sey euer Sohn dereinst euer Stecken und Stab, und eure Tochter die treue Betterinn eures Greislagers! — Roßwina's Beschirmung Prinz Esthwold's Sache? O so müssen mich die belohnenden Götter schon für ihren Stellvertreter erhört haben! — Ihr wollt uns also förderlich seyn, von dannen zu fliehen? O so thut dazu, Prinz! Zeit ist weder um Gold noch Waffenstahl zu haben. Verweilt Roßwina, so wird sie als das unerlößliche Schlachtopfer für heute ergriffen.

Roß-

Roßwina. Als Schlachtopfer ergriffen?

Esthwold. Roßwina? — So war denn der Name Roßwina der haſſige Griff des ſchrecklichen Prieſters?

Hiaskal. (knirſchend) O dann wollt' ich's mit Poſaunenſtimme ausrufen: Hanno iſt der gerechteſte Fürſt auf Erden! — Aber ja doch! ſpitzt die Ohren! ihr ſollt Wunder von Hanno hören! — Ohn' alle Verloſung ſoll am heutigen Tage meine unbeſcholtne Roßwina in ihrem reinen Blute ſich vor den Göttern baden!

Esthwold. Ohn' alle Verloſung? Und warum iſt er bis zu ſolcher Ungerechtigkeit erbittert gegen ſie?

Hiaskal. (wie vorher) Warum? daß ich — ich Hiaskal ihr Vater bin! daß ſich im Vater der Unterthan erdreuſtete, und es ihm in's Angeſicht abſchlug: Roßwina wird nicht eher in den Loostopf geworfen, Fürſt, als in eurer Töchter Geſellſchaft! Daß ich's ihm ohn' alles Hofſchranzengeziere voll menſchliches Berufs in den Bart warf: Wir ſind alle aus einem Teige geknetet! — Verſteht ihr, Prinz?

Roßwina. Nun so haben mich die Götter im Zorne für diesen Tag aufbehalten!

Hiaskal. Götter sind gerecht, Roßwina! auch in ihrem Zorne! — Aber Fürst Hanno will heute seines Regiments würdiges Denkmal stiften!

Esthwold. Begebt euch, Hiaskal! Hanno mag sich wohl gern Fürst fühlen, aber Tyrann ist er drum nicht. Immer begebt euch! Esthwold soll zwischen Hanno und Hiaskal treten, und sie über Roßwina verständigen! Sinnlose Erhitzung ist beym abwechselnden Spiele des launigen Glücks die größte Spielverderberinn; aber bedachtsame Kaltblütigkeit übersieht, lenkt und gewinnt. —

Hiaskal. (bitter) Läßt sich gut Regeln geben und Anmerkungen machen von dem, der nur dem Spiele zusieht! —

Esthwold. (giebt Roßwina'n einen durchdringenden Blick.)

Drey und zwanzigster Auftritt.

Balderich. Wache. Die Vorigen.

Balderich. (hochbrüstig) Mit eurer Erlaubniß — Roßwina ist meine Gefangene.

Hiaskal. (mit der heftigsten Bitterkeit) Nun, Prinz! da hört ihr's! da seht ihr's! — (in die Hände klatschend) Ist's nicht ein herrlicher Fürst? ist's nicht eine weise Regierung?

Roßwina. Weh mir!

Esthwold. Wie, Balderich? warum deine Gefangene?

Balderich. Auf Fürst Hanno's Befehl, gnädigster Prinz. Ich muß Roßwina mit mir haben, lebendig oder todt! Und wenn man sie zu vertheidigen Miene macht; so ist Roßwina die erste, die fällt!

Esthwold. Die erste, die fällt? Roßwina?

Hiaskal. Meine Tochter Roßwina?

Roßwina. (mit wild lächelnder Verzweiflung) Wohl! wohl! Laßt's gut seyn! Verderbt Fürst Hanno'n die Freude nicht, daß auf sein bloßes Wort

Wort so bloß zum Frühſtück ein Menſch mehr vernichtet werden kann! — (zu Balderich und der Wache) Kommt, kommt! die Zeit wird ihm lang werden! — (geht ſchnell unter Begleitung der Wache ab, und Balderich hinter drein)

Vier und zwanzigſter Auftritt.

Eſthwold. Hiaskal.

Eſthwold. (heftig) O ihr Götter! nun ſchenkt mir Weisheit!

Hiaskal. (dreht ſich in ſtarrer finſt'rer Verzweiflung allmählig zu Eſthwold herum, und ſtarrt ihn an) Von wem ſprichſt du da, Menſch? Von Göttern? Geh' mir doch mit deinen Geſpenſtern! Wenn Götter wären, die ſich um Menſchen bekümmerten; müßte ſich nicht jetzt eben Erd' oder Himmel für die gefolterte Unſchuld aufgethan, und ihre Henker vertilgt haben? — Hanno darf ja nur winken, ſo wird's vollbracht! —

Eſthwold. Beſinnt euch, guter Hiaskal! beſinnt euch! wir müſſen jetzt räthlicher mit der Zeit umgehen. — Ihr eilt ſogleich eurer Roßwina nach, und erkundiget euch, wo ſie bleibt.

Ich

Ich will unterdeß meinen Vater ans Herz packen.

Hiaskal. (mit fürchterlichem Hohngelächter) Packt ihr nur! packt nur!

Esthwold. O ich bitt' euch, laßt ab davon! Laßt uns handeln, nicht schwatzen! Ist Hanno's Herz Kiesel, so giebt's noch andre Herzen. Rettung muß kommen, Hiaskal! muß kommen! hieher oder daher! — Aber geht nur! Geht! geht! geht!

Hiaskal. (drückt ihm stark die Hand) Esthwold — eure Mutter log, als sie euch für Hanno's Sohn ausgab.

Esthwold. O ich wollte, sie hätte! Ich wollt' ihr diese Lügen ohne Gedinge an meinen jüngern Bruder Selgar mit Hanno's Fürstenthume bezahlen! — Aber geht jetzt nur! Geht! geht! geht! — (sie gehn, Esthwold durch den einen und Hiaskal durch den andern Ausgang ab, wodurch Roßwina abgieng.)

Zweiter Aufzug.

Erster Auftritt.

(Hanno's eigenes Zimmer in seiner Burg.)

Hanno. Ornithe. (sitzend)

Hanno. Fodr' alles, Prinzeßinn! Ich bin heute Alles für dich! Nur eins ausbedungen — was auch eigentlich ganz auffer dem Gebiete deiner Foderungen liegt — kein Wort für Roßwina's Begnadigung! Es wäre dein erstes gegen mich geäussertes Verlangen; und ich würde dir's versagen müssen! müssen, Prinzeßinn! — Hiaskal's Tochter muß sterben für's Land! muß uns die Götter versöhnen helfen! heut' oder über's Jahr vielleicht — nicht weit auseinander! Ein herzhafter Schnitt, und das Opfer sinkt in Unbewußtheit hin! Aber der Vater, der Vater! der aufbrausende freche Hiaskal! der soll des Priesters erster Nachbar seyn! soll mit jeder schaudrigen Zuckung, mit jeder verzerrten Miene einen Stich ins Herz kriegen! soll lebendig tausendfach

fach in seiner Tochter den Tod leiden — daß sich der vermeßne Phantast gegen Hanno auflehnte, meine Gegenwart zu entheiligen sich nicht scheute, öffentlich als Aufwiegler vor dem Volke gegen mich aufzutreten für ein geringes hielt, über meinen Befehl die Lippe aufwarf, und sich nach mir zu messen einfallen ließ! — O wenn ich ihm das hingehn lassen könnte, so wär' ich werth, daß er mich vom Throne stürzte, und zu seinem Fußschemel gebrauchte!

Ornithe. Fürst Hanno ist auf ganz falscher Spur! Ich verlangte dieß besondre Gehör von euch nicht, für andre bey euch zu sprechen — auch würde mir ob dem, was ich von euch deßfalls so eben gehört, die Lust dazu wohl vergangen seyn. —— Für mich kam ich zu sprechen — einzig und allein für mich!

Hanno. Gewährung soll meine Antwort seyn! Sprich, Prinzeßinn! sprich! halt mich nicht auf, dir mit deinem Wunsche entgegen zu kommen!

Ornithe. So laßt mich denn zurück kehren in meines Vaters Alarich Burg! Gebt Befehl, daß man mich wieder heim geleite! Das

ist

ist jetzt mein erster Wunsch! das fodr' ich von euch! das könnt ihr mir nicht verneinen; denn mein Stuhl ist daheim auch ein Thron! Und daß Fürst Hanno — (meine Besorgniß hat wohl dergleichen Exempel zu ihrer Rechtfertigung vor sich —) daß Fürst Hanno sich an Alarich's Tochter vergreifen möchte — soll so gut als nicht erwähnt worden seyn!

Hanno. (indem er aufsteht) Lieber und besser, als gar nicht gedacht, Prinzeßinn! — Aber was müßt' ich da von euch laut werden hören? Welch ein Argwohn, der mir da kömmt! ihr gebt mir Wermuth zu kauen. Wollt ihr meine Muskeln damit auf die Probe nehmen, oder was wollt ihr sonst? Am selben Tage, da ihr hier als Esthwold's Braut angelangt seyd, dringt ihr in Esthwold's Vater, bevor ihr euch noch einmal in Hanno's Burg umgesehen, daß er euch, wohl gar, noch ehe die Sonne sich neigt, wieder nach Alarich's Burg geleiten lassen möge? Und wie soll's um Esthwold stehen? wie um Esthwold's Bette?

Ornithe. (die sogleich mit Hanno aufgestanden) Gut, Hanno! besser vielleicht, als ihr dafür

für hättet sorgen können! Wir irrdischen Prinzeßinnen werden sein Lager nicht entheiligen dürfen. Sonder Zweifel, daß irgend eine lüsterne Göttinn sich ihr Plätzchen drinn ausersehen, und es für sich allein haben will. Denn außerdem — doch was kümmert das alles mich! ich will wieder fort von hier; und man wird mich doch als Fürst Alarich's Tochter geleiten laßen?

Hanno. Ihr könnt und dürft nicht anders als euren Willen völlig für euch haben, Prinzeßinn; und ich will euch ein Geleite geben, wie das Gefolge eines Triumphs. Denn Alarich's Tochter mit mißmüthigem Widerwillen bey sich aufbehalten zu wollen, ist für Hanno zu klein. Das aber darf denn auch ich euch nicht vorenthalten, daß ich mich eben von euch, und eben heute, dieser Beleidigung am wenigsten versehn hätte.

Ornithe. Wenn's drauf ankäme, Hanno, wer beleidigt ist? ob ihr? oder euer Prinz? oder ich? — doch ich wüßte nicht, wozu's uns allen dreyen frommen könnte! — Alles mit Einem — Ich hab's hier genug, und mich verlangt gar herzlich wieder heim! Das ist's alles,

wes-

Ornithe. Man kann denn doch nicht allemal voraus wissen —

Hanno. So will ich's euch ohn' alle Gleichnißrede voraussagen, was da kommen wird — Noch heutiges Tages — sobald ihr euch nur dessen nicht weigert — leg ich meines Sohnes Hand in die eurige; und darauf geb ich euch hier die meine zum fürstlichen Unterpfande! — Gegen Esthwolds Weigerung würd' ich mich mit so viel bösen Geistern wapnen, als ich ihrer zu beschwören vermöchte, um ihn, exemplarisch gezeichnet, den unterirrdischen Göttern zu übermachen! — Doch wozu sag ich das, da es so viel als nichts gesagt ist! Ich steh euch für meinen Sohn, Prinzeßinn! —

Ornithe. (mit feurigem Blick, aber flüchtig bey Seite) Ha! das gilt dir, Esthwold! (zu Hanno) Hannos Bürgschaft könnte mir ja wohl genug seyn; aber ihr mögt mirs zu gute halten — Uns da drüben haben unsre Nachbarn von jeher so schwergläubig gemacht, daß ich mich aus lauter Landesart erst nochmals eures heiligen Unterpfandes drob versichert will. — (indem sie seine rechte Hand faßt) Bey dieser Hand, Fürst Hanno —

Hanno. (ihr feurig ins Wort fallend und sie drückend; Leg' ich noch heute meines Sohnes Hand in diese eure Rechte, zum ewigen Bunde zwischen uns! —

Ornithe. So seys dann! — Aber nun auch noch meine Klausel hinzu! — Wenns denn doch nicht käme, Hanno, wie es nach allem dem kommen müßte — so wißt ihr, wessen Tochter Ornithe ist, und was Alarichs Tochter für Genugthuung fodern kann! so seyd ihr Fürst und Vater, und müßt als Vater zu gebieten und als Fürst zu bestrafen wissen! — Das will ich noch in eurer Burg abwarten! — (geht)

Zweyter Auftritt.

Hanno. Sehr hochbrüstig! gleichsam als ob — — doch ihr Stand, ihr Geschlecht, ihr Alter mögen sie entschuldigen. — Aber Esthwold — Esthwold mag sie gar seltsam angelassen haben. Ich muß ihn kommen lassen, und es ihm verweisen, damit er in der Zukunft sich besser in sie schicken lerne, und sogleich hingehe und sie besänftige. —

Dritter Auftritt.

Esthwold. Hanno.

Esthwold. (tritt feurig herein, bleibt aber plötzlich stehen, und verbeugt sich gegen Hanno)

Hanno. Wie, Prinz? So ungerufen und unangemeldet in Hanno's Gemach?

Esthwold (voll Leidenschaft) O mein Fürst und Vater! Gnade! Verzeihung! Erbarmen!

Hanno. Für wen?

Esthwold. Für des leidenden Hiastals unglückliche Tochter!

Hanno. Ihr Schicksal auf ihren Kopf! Es bleibt unwiderruflich über sie verhängt! Der Ausspruch des Fürsten ist ein unabhaltbarer Wetterschlag. Reue fühlen setzt Irrthum voraus; und Hanno irrt niemals!

Esthwold. O mein Vater! wenn wir die Götter dort oben hienieden anbeten und ihnen Altäre aufrichten, warum thun wir's? Weil sie sich durch unser Gebet versöhnen lassen, daß sie oft den ergriffenen Strahl wieder aus der Hand legen und unsrer schonen. Zwar die Göttin des Schicksals ist unter ihnen allen
die

die größte. Aber eben weil sie so unversöhnlich in ihrem ehernen Buche blättert, und so unwiderrufliche Machtsprüche thut, wo hat man ihr einen Altar aufrichten sehen?

Hanno. Prinz — Furcht muß des Throns erste Leibwache seyn.

Esthwold. Eine sehr unsichre Leibwache.

Hanno. Sie erzeugt Ehrfurcht —

Esthwold. Nur daß es mit der Tochter nicht viel sichrer ist, als mit der Mutter.

Hanno. Verwandelt sich nach und nach in Liebe —

Esthwold. Verwandelt sich nicht, mein Vater — verkleidet sich nur hofmäßig drein.

Hanno. Davon abgebrochen! Die Zeit wird dich schon eines beßern belehren. Wir haben jetzt andere Dinge unter uns abzuthun. Sag' mir Esthwold, was hast du Ornithen gethan? Noch heute soll sie dein Weib seyn, und und du bringst sie wider dich in Harnisch?

Esthwold. Weil mein Herz eine unüberwindliche Abneigung vor ihr fühlt.

Hanno. Und wär's eingesogener Völkerhaß, so hat Hanno sie herbeschieden, und Hannos Sohn muß —

Esthwold. Sprecht's nicht aus, mein Vater! für Roßwina wirft sich der Unterthan hier zu seines Fürsten Füssen. Macht eurem Sohn ein so fürstliches Geschenk mit ihrem unbefleckten Leben, als ihr's nicht immer bei der Hand habt!

Hanno. (indem er ihn aufhebt) Und du verwendest dich abermal für sie? — Wenn meine Liebe dein Augenmerk ist, so gieb jeden Gedanken für Hiaskals Tochter auf!

Esthwold. O mein bester Vater — das kann ich nicht! — Wenn ich eure väterliche Liebe irgend einmal zu meiner Schuldnerinn zu machen wußte; wenn ich mehr als einmal mit rühmlichen Brustnarben siegreich in eure Arme zurückkehrte; wenn meine Triumphe, lauter frühzeitige Früchte eures großen erlauchten Beispiels, wenn sie euch jemals eine helle Freudenthräne ablockten — o so begnadigt die arme Roßwina, und reißt sie aus dem Rachen des Todes! die Unglückliche! Alles verläßt sie — nach Hofmanier; ich allein bin der einzige menschliche Sonderling, der da nicht umhin kann, euch für sie bey eurem eignen Vaternamen zu beschwöſchwören; blos noch auf mein Vermögen über euch, aufs Vermögen des Sohns über den Vater, ſtützt ſich ihre ſinkende Hoffnung. O bey den unbegreiflichen Göttern, denen muthwillige Zerſtörung ihrer Wunderwerke unmöglich Wohlgefallen ſeyn kann! — es würd' Unmenſchlichkeit ſeyn, dieſe Zierd und Krone der Weiber unverſchuldet in der Pfirſichblüthe ihres Lebens auf dem greulichen Altare ſich vorm zurüſtenden Tode trümmen zu ſeh'n — es mit anſehn zu können, wie dann ihr purpurnes Blut am Schwanenbuſen herab rieſelte, und unterm letzten Röcheln des Todes im verlöſchenden Auge jede verheerte Vollkommenheit ſterbend um Rache ſchrien — — würd's nicht Unmenſchlichkeit ſeyn? — Ihr ſtarrt mich an, mein Vater — ihr erbleicht — — O dieß Erbleichen kenn ich! es iſt der Erbarmung Erbleichen an der Schlachtbank des Schreckens. — (wirft ſich ihm zu Füſſen. O gebt ihr Raum! merkt auf ihre Stimme! Haltets nicht für Erniedrigung, euch von ihr gewinnen zu laſſen! — Umfaßt will ich hier eure Knie halten, bis ich eure göttererfreuendes Fürſtenwort habe; Roßwina ſoll leben!

Hanno. Prinz — — o ihr Götter! — steh' auf! — — Aber was soll ich aus dir machen! — Dieser innige Ton beym Namen Roßwina — dieß ausgelassene stürmische Eifern um sie — was soll ich davon denken? — — Soll'st du sie lieben? —

Esthwold. Was hülfs wenn ich's länger verheimlichte! —

Hanno. Ey! da steckt also die sogenannte unüberwindliche Abneigung vor Ornithen? — Und was versprichst du dir von dieser Vergaffung? Roßwina'n zum Weibe? Mein Thronfolger eine Unterthaninn? — Oder meinst du, wenn ihr mir zuvor gekommen wärt — ha! der Gedanke könnte mich von Gedanken bringen!

Esthwold. Von all dergleichen nichtigen Besorgnißen laßt euch keins weiter beunruhigen, mein Vater! Bey den lebendigen Göttern sey's euch beschworen: ich werde Roßwina nicht heyrathen! werd euch' nie drum angehen! Roßwina's Leben sollt ihr mir nur schenken! oder — wenn dieß Geschenk durch keine menschliche Empfindungskraft aus euch zu winden wäre, so seht euch nach einem andern Thronfolger um!

Han-

Hanno. (herablassend, doch so, daß man's ihm merklich ansieht, wie viel Gewalt es ihm kostet) Wohlan, Prinz! du bringst mit allem, was herzangreifend ist, in mich, und zum erstenmale wird Hanno seinem gethanen Ausspruche eine erkünstelte Wendung zu geben haben müßen — Roßwina — deine Geliebte — soll leben — soll dir geschenkt seyn! —

Esthwold. wirft sich ihm mit vollem Entzücken zu Füßen) O mein Vater!

Hanno. (ihn aufhebend) Laß mich ausreden, Esthwold! — Soll dir geschenkt seyn! Aber nun erinnre dich auch, wenn Vater Hanno bis er so weit hinunter stimmt, daß ihm Sohn Esthwold dafür zu entrichten schuldig ist!

Esthwold. Mein Blut! mein Leben! Nehmt's hin, Vater! nehmts hin!

Hanno. Nicht doch, mein Sohn! das hieße dich unverantwortlich übertheuert. Ich bin ein gewissenhafter Handelsmann. Erkläre dich nur für meine Wahl in Ornithen, und wir heben auf mit einander.

Esthwold. erschrocken) Welcher Uebergang.

Hanno. Ich seh' dir's an, wie schwer dir's

dir's eingeht; aber eben diese Ueberwindung macht deine Folgsamkeit um so verdienstlicher. Ich gab deiner Schwachheit nach, um dir meine Ehre desto angelegener zu machen. Denk dir die Beschimpfung, Prinz, wenn Fürst Hanno um deinetwillen vor aller Welt wortbrüchig werden müßte! — Doch dazu kenn' ich dich von der beßern Seite; und so komm denn mit mir zu deiner fürstlichen Braut! Laß sie uns in unsrer Mitte zum Hayne der Götter führen! und dort, von der Götter näheren Gegenwart überschattet, Esthwold, thu' deiner und meiner Pflicht Genüge!

Esthwold. Fürst Hanno — — euer Unterthan kann nicht! —

Hanno. Esthwold! bis jetzt sprach der Vater! bist du so gar lüstern, den Fürsten zu hören?

Esthwold. Fürst oder Vater! beyder Befehle sind mir gleich ehrwürdig. Aber — Liebe erkennt keinen Gesetzgeber!

Hanno. Liebe! Liebe! und über's dritte Wort Liebe! — laß die dem Volk' über, um sich zu paaren! Staatsklugheit ist die Gottheit,

Prinz,

Prinz, aus deren Hand wir Beherrscher unsre Weiber annehmen müssen.

Esthwold. Um solchen Preis zum Beherrscher geboren seyn? — — ich danke! —

Hanno. Geschwiegen, Prinz! nun bin ich des Geschwätzes müde. — Ich will! — und habe weiter keine Rechenschaft zu geben! —

Esthwold. Und ich kann nicht! — und habe weiter nichts drauf zu antworten!

Hanno. Verwegner! weißt du auch —

Esthwold. Daß Hanno im Zorne seines gleichen verurtheilen kann? Hatten wir nicht so eben Roßwina's schreckendes Beyspiel?

Hanno. Ha! daß du ihren Namen aussprachst! Nun darf ich doch nicht erst auf eine Strafe für dich sinnen!

Esthwold. (mit dem wildesten Hohne) Will Hanno wortbrüchig werden? —

Hanno. Geh! Roßwina muß bluten; und jetzt für deine Schuld bluten!

Esthwold. Wortbrüchig werden?

Hanno. (von ihm weggewandt) Geh!

Esthwold. Wortbrüchig will Fürst Hanno werden? — Zwar — ich besann mich nicht gleich

gleich — vor allem Volke darf er's nun freylich nicht — von wegen des Vonwegen's — — in seinem Gemach' aber so unter vier Augen, hat er sich weiter nichts übel zu nehmen — —

Hanno. (äusserst heftig) Und du gehst noch nicht?

Esthwold. (zitternd vor Bosheit) Gleich! gleich! da steh' ich schon auf dem Sprunge! — (mit zornigem drohenden Blick) Aber, Hanno! —

Hanno. Drohungen, Tollkühner? —

Esthwold. Was weiß ich's, ob Drohungen oder Bitten! nach und nach wird's in meinem Kopfe, wie's in eurem Herzen ist — wild und wüste! — — Rauf dir dann nicht das Haar, Hanno, über Esthwold's verrücktem Verstande! Trag' dann nicht Leid über des Sohnes verlorne Unschuld, Vater! ihr brachtet mich um beydes! — (kreischend) ihr brachtet's dahin — — (schlägt sich wild vor die Stirne) O was weiß ich's! — (läuft wild hinaus)

Vierter Auftritt.

Hanno. (herum tobend) O bey allem, womit Rache sich selbst erschöpft! bin ich noch Han-

Hanno? Läßt Hanno sich das bieten? Und doch ward's ihm geboten! von einem Weib' ihm geboten! von einem Unterthan ihm geboten! von seinem Sohn ihm geboten! — o Hanno! Hanno! du bist ein Bettler mit deiner Rache! — Je nun! man giebt, was man hat! — (ruft) Balderich!

Fünfter Auftritt.

Balderich. Hanno.

Balderich. (kriechend unterwürfig) Gnädigster Fürst —

Hanno. Ohn' allen Verzug soll Roßwina zum Opfer geschleppt werden! —

Balderich. (geht)

Sechster Auftritt.

Hanno. Weg mit ihr! sie hat mir Prinz und Unterthan zu Rebellen gemacht — weg mit ihr! Und wenn sie die Unschuld selbst wäre — weg mit ihr! Alarich's Tochter muß mir mein Fürstenthum verzwiefachen; aber Eßwold wird sich selbst drum bevortheilen, so lange

Hia!

Hiaskals Tochter nicht aus dem Wege geräumt ist — weg mit ihr! Eins für Alle! und weg damit! Weg mit der Ranke, die den Stock an Wachsthum und Fruchtbarkeit hindert! und weg mit Roßwina! — (geht)

Siebenter Auftritt.

(Der vorige Saal in Hanno's Burg.)

Esthwold. Hiaskal.

(Kommen zugleich, und mit gleicher bedrängten Eilfertigkeit von verschiednen Seiten herein.)

Esthwold. (indem er auf Hiaskal zueilt) Ha! nach euch gieng ich aus! Wie steht's? Was habt ihr erkundschaftet? Wo hält man eure Tochter verwahrt?

Hiaskal. Dort hinten im Thurm' an der Wasserseite.

Esthwold. O schön! schön!

Hiaskal. Schön? Und was bringt ihr sonach Neues?

Esthwold. Wir müssen flüchten.

Hiaskal. Flüchten?

Esth,

Esthwold. Ungesäumt, Hiaskal! – Bey Hanno'n war Bitt' und Thräne nur Oel ins Feuer. Wir müssen flüchten! — Geht! macht Anstalt! Steckt zu euch, was ihr fortbringen könnt! ich will's auch so machen. Und draussen an der Sternwarte haltet euch auf mich und Roßwina'n bereit!

Hiaskal. Auf Roßwina'n, die im Thurm' eingekerkert, von fühllosen Wächtern umringt ist?

Esthwold. Ich lache des Thurms und der Wächter, denn ich weiß einen geheimen Weg dahin. Geht nur, Hiaskal! macht die schleunigste Anstalt! Zeit kündigt uns ihre Freundschaft auf, wenn wir sie nicht zu schätzen wissen. Drum eilt! eilt!

Hiaskal. (ihm die Hand drückend) Wenn ihr Hanno's Sohn seyd, so machte die Natur mit euch einen ihrer spaßhaften Streiche! — (geht eiligst hinaus)

Achter Auftritt.

Esthwold. Flüchten! und Hanno's Zepter und Thron' und Reich und Schatzkammern dahinten lassen! O was ist all der von Wahn und

Meynung überflitterte Plunder gegen Weib und Kind! Tand gegen Wahrheit! Fort mit uns! fort! fort! — (horchend) Ha! welch ein Geräusch, das sich dort nähert? — Dorther kömmt's! dorther! — Dort kann doch Hanno nicht herkommen — — (bleibt in äusserster Erwartung vor sich hin gebeugt stehen)

Neunter Auftritt.

Esthwold. Balderich. Roßwina. Priester. Wache.

(Balderich voran, und hinter ihm drein Roßwina, von Priestern und Wache umgeben, in einem weissen Opferkleide, und um ihr fliegendes Haar einen Blumenkranz.)

Esthwold. (erbebend da er sie gewahr wird) Und doch, ihr Götter! ist's Hanno in seinen Spießgesellen! — (er dringt auf sie ein, wirft Priester und Wache bey Seite, und packt Roßwina'n) Wohin, Roßwina!

Roßwina. Zum Opfer!

Esthwold. Zum Opfer?

Roßwina. Ohn' allen Aufschub!

Esthwold. (mit vielsagendem Blick) Zum Opfer?

Opfer? — Geh, Roßwina, und gib dich! und laß dich ganz gelassen hinführen!

Roßwina. Sagst du?

Esthwold. Ich! Geh du nur! geh du! — *(läuft wild ab)*

Roßwina. *(ihm ängstlich nachrufend)* Bleib! Bleib! — haltet ihn! — Umsonst! er rennt fort! rennt in sein Verderben! O wacht über ihm, ewige Götter! wenn auch er sich aufopfert, wer soll die unmündige Unschuld in Schutz nehmen? Ist denn da keiner, der sich in der Götter Namen über uns erbarmte? O das fehlte mir noch, um das Maaß meines Jammers voll zu haben!

Balderich. Nun müßt ihr mit uns, Roßwina!

Roßwina. *(verzweifelnd die Hände über ihrem Kopfe ringend)* Nun so muß ich denn! — *(wobei leit fort)*

Zehnter Auftritt.

Ornithe. Die Vorigen.

Ornithe. *(zu Balderich)* Ist das die arme Unglückliche!

Roßwina. (sich Ornithen zu Füßen werfend) Sie ist's, wie ihr sie hier zu euren Füßen seht, großmüthige Prinzeßinn. Doch kennt ihr mein Unglück nur halb. Daß ihr mich nach mir zu fragen würdigt, kündigt mir ein menschliches Herz in euch an, und ich darf euch um so viel dreister fußfällig um eine Gnade anstehn, die ihr einer Sterbenden unmöglich versagen könnt.

Ornithe. Sprich! sprich!

Roßwina. Nicht für mich, Prinzeßinn! nicht für mich!

Ornithe. Und für wen sonst?

Roßwina. Für Prinz Esthwold! Denkt für ihn! Geht ihm in der Blindheit seiner Verzweiflung zur Hand! Mich retten zu wollen stürzt er sich in den Abgrund! O wenn's wahr ist, daß der Sterbenden Bitten herzeindringend sind, so vergeßt und verhindert!

Ornithe. Wie? der Tod streckt schon seinen kalten Arm nach dir aus, und dein einziger Gedanke kann nur Prinz Esthwold seyn?

Roßwina. Er wird euer Gemahl, und verdient euch! — sonst fragt mich um nichts! Euch würd' über der Geschichte meiner Leiden das Herz springen, und euer Verstand sich in der Summe meiner Schmerzen verlieren! — (nach Balderich und der Wache gehend) Das war mein letzter Wille — und nun bringt mich den Göttern dar! — (sie wird abgeführt)

Eilfter Auftritt.

Ornithe. (sieht ihr gerührt nach) Armes Schlachtopfer! — — O Schönheit! Schönheit! wie unwiderstehlich bist du! Hätte dein Zauber schon so allgewaltigen Einfluß auf mein Herz, so ist Esthwold's Liebe Schicksal und Tugend! — Nun hab' ich doch auch empfunden, wie man bis zu Thränen gerührt seyn kann! — Sie lieben sich unaussprechlich, die Unglücklichen! — Und um mich — um mich sollen alle Schrecken einer so unmenschlichen Trennung über sie ergehen? O bey den gerechten Göttern, nein! ich wollte mein Haupt nimmer sanft legen können, wenn ich das zuließe! Und somit biet' ich dem Schicksale selbst für sie Trotz! — (indem Selgar hereintritt) Ha! Prinz Selgar!

Zwölfter Auftritt.

Ornithe. Selgar.

Ornithe. (geht ihm entgegen) Ihr kommt mir als von den Göttern gesandt, Prinz — ich brauch' euch!

Selgar. Wollt' ich nicht das Geschäft segnen, das mir von euch käme!

Ornithe. Und sollt 's auch segnen! Euer Bruder ist in Gefahr.

Selgar. Mein Bruder in Gefahr?

Ornithe. Wir müssen auf alles für ihn denken! — Eben wird Roßwina zum Opferaltar geführt; Esthwold soll wie ein rasender umher rennen, und wüten wie ein angehetzter Löwe um seine zerfleischte Löwinn. Auf! und ihm nach! faßt ihn, packt ihn fest, sagt ihm, schreyt ihm zu, daß ich — daß Orinthe für ihn — für ihn und Roßwina — für beyde — für sie beyde Gnade auswirke.

Selgar. O Prinzeßinn — Gefühl der Menschheit! der Fürsten fürstlichste Tugend! Wer muß euch nicht drob vergöttern! Leidenschaft für euch ist göttlicher Befehl; und doch — muß nur

nur Selgar eures Gefühls einzige Ausnahme seyn!

Ornithe, (mit einem übereilten vielsagenden Blicke) Selgar! — (sich schnell sammlend) Ihr vergeßt euren Bruder!

Selgar. O wer vergäß' über euch nicht alles! — (eilt fort.)

Dreyzehnter Auftritt.

Ornithe. Selgar, Selgar! bald hätt' auch ich mich über dir vergessen! O warum warst du nicht deines Vaters Erstgeborner! — Noch könnt' ich zwar immer den bessern Tausch mit Bruder um Bruder treffen — wer wehrt mir's? — Den bessern Tausch? Von der Regentinn zu der Regentinn Hofdame? — Schäm' dich, Ornithe! — Alarich's Tochter kann wohl andern vergeben — aber sich nicht! — (geht hinein.)

Vierzehnter Auftritt.

(Ein den Göttern geheiligter Hayn mit verschiednen Altären. Die Altäre sind zerstört; das heilige Feuer, die Opfergefäße, Blumen, Opferbinden,

Beile, und andre zum Opfer gehörige Werkzeuge liegen umher. Esthwold und Kiorban nebst ihrem Gefolge sind mit den Priestern und Soldaten im Handgemenge, und treiben sie nach einem kurzen Gefechte von dannen. An dem einen Altare, zu dem einige Stufen hinauf gehen, und der mit am zerstörtesten aussieht, steht auf der obersten Stufe Roßwina, doch ohne den Blumenkranz, und ringt voll Verzweiflung die Hände.) (Während des Gefechtes hört man verschiedentlich von Esthwold und Kiorban zu ihrem Gefolge rufen:) Muthig! muthig! hinweg mit den Hentern! hinweg!

Roßwina. (während des Gefechts mit kreischender Stimme) Esthwold! — Esthwold! — Unglücklicher! — Weh uns! — (nachdem Esthwold hinter der Scene ist) Heilige Götter im Himmel! beschirmt ihn! bewahrt ihn!

Esthwold. (mit Kiorban und seinem Gefolge wieder zurück, eilt zu Roßwina, faßt und führt sie feurig herunter: Das Stück Arbeit war gethan, meine Liebe! Nun komm!

Roßwina. O Esthwold! Was hast du gethan?

Esth-

Esthwold. Meine Schuldigkeit! Komm nur!

Roßwina. Und Blut an dir?

Esthwold. Opferblut! Opferblut! komm nur! komm nur!

Roßwina. Wohin?

Esthwold. In die weite Welt! Dein Vater wartet unsrer an der Sternwarte draußen. Komm nur!

Roßwina. Und Hilderich? Unser Kleiner! was soll aus dem werden? den könnten wir zurück lassen?

Esthwold. Ich hol' ihn nach, sobald ich dich in Sicherheit habe. Komm nur, schüchterne Taube! — (wollen fort)

Fünfzehnter Auftritt.

Ein Soldat von Hanno's Leibwacht.
Vorige.

Ein Soldat. (kömmt hinten heraus und ruft mit heller Stimme) Sammelt euch! sammelt euch! Sie sind umzingelt! Fürst Hanno selbst führt uns an!

Esthwold. Ha!

Roßwina. Wir sind verloren!

(Priester und Soldaten kommen einzeln wieder zum Vorschein; von allen Seiten zeigt sich Hanno's Leibwache, und Esthwold's Gefolge ergreift die Flucht.)

Riorban. (zu den Fliehenden) Steht, Kameraden!

Esthwold. Ha die Feigen! nicht Einer, der stünde!

Riorban. (auf seine Brust schlagend) Riorban!

Roßwina. Wir Elenden! was werden wir anfangen?

Esthwold. Uns mit dem Schwerdt' einen Weg bahnen! Folg' uns, bestes Weib! — (sie wollen mit bloßem Schwerdt drauf hinein, prallen aber vor Hanno zurück.)

Sechszehnter Auftritt.

Hanno. (an der Spitze seiner Leibwacht) Balderich. Vorige.

Hanno. Steh, Bösewicht!

Esthwold. Nur von euch kann ich das leiden, Vater!

Hanno. Vater? durch dich war der Götter Fluch über mir!

Esthwold. (zu den übrigen, die da Miene machen, auf sie einzudringen) Aber von euch da — von euch allen da samt und sonders — wem der freche Gedanke käme, Roßwina'n anzutasten, der gesegne sich!

Roßwina. O halt ein, Prinz! Bedenk' dich!

Hanno. Unnatürlicher Rebelle du! ist deines pflichtvergessenen Rasens kein Ende? Nun so laß sehen, wie weit du's drinn bringen kannst! Zeig' dich in deiner ganzen Stärke! Vollende das große Werk deiner Hände! Laß sich dein Schwerd vollends an meinem Blute letzen! Hier ist meine Brust! Was' ist ein Vatermord für einen, der im heiligen Hayne der Götter Altäre, wie seinen Fußschemel, umwerfen kann!

Esthwold. Nicht weiter so!

Hanno. Nun? warum willst du nicht dran? Fehlt dich mein gewapneter Arm zagen? schreckt dich mein Schwerd? Da liegt's! kann ich mehr thun? Nun komm an! du hast deinen gefährlichsten mächtigsten Feind hier wehr- und waffen-

waffenlos vor dir! Laß nun deinen verjährte
Haß nach Herzenslust an ihm aus! Gib mir den
Lohn, daß ich solche Brut auf die Welt setzte!
schwing' dich auf zu aller Bösewichter Rädels-
führer und Oberhaupt! Noch keiner, der vom
Weibe geboren ward, that dir's zuvor! Nur
noch ein Weniges, und keiner wird seyn, der
dir's nachthut! darfst nur noch die vom Vater-
blute rauchende Hand deiner Buhlerinn reichen,
und sie so in meine Burg einführen!

Esthwold. Den Tod, Vater! den Tod!
Nur nicht länger so auf der Folter! — (kniet
vor ihm nieder) Euer Sohn bekennt sich schuldig, und legt hier das Werkzeug seines Verbrechens zu euren Füßen! Nehmt euer geliehenes
Leben von mir zurück, wenn ihr wollt! nur auf
dieser Folter laßt mich nicht sterben! Ich habe
verbrochen; das erkenn' ich! hab auch das Herz
nicht, an Gnade zu denken; das fühl' ich!
Aber doch wäre diese Strafe gegen meine Ver-
schuldung zu grausam!

Hanno. Wärst du mir nicht mit deinem
Frevel so gebrandmarkt unter Augen getreten,
ich könnte der Schwachheit unterliegen, mich
von

von dieser Kinderei begehen zu lassen! — Aber nein, Abtrünniger! Fesseln müssen dein Armschmuck, und Martern deine Kost werden! — (steckt sein ihm gereichtes Schwerd wieder an.)

Esthwold. (springt auf) Her mit den Fesseln! wo sind sie? Her damit! — (man bringt Fesseln, und indem er sich geschäftig selbst mit fesseln hilft, sagt er) Seht, Vater, daß ich euch nicht minder ein Beyspiel geben kann, wie der Sohn den Vater auch in seiner strengen Gerechtigkeit verehren muß!

Hanno. Erzwungenes Gauckelspiel! Zu spät! — (auf Kiorkan deutend, und im heftigsten Zorne) Und diesen verworfenen Missethäter da schleppt in den finstersten Kerker! er soll zu Pein aufbehalten werden, daß der Henker selbst um Barmherzigkeit für ihn flehn soll!

Esthwold. (zu Kiorkan) Um dich muß ich Leid tragen, Freund!

Kiorban. (der schon, als Esthwold vorhin sein Schwerd zu Hanno's Füßen gelegt, das seine fallen lassen, sehr gesetzt) Warum, Prinz? daß ich ich als euer Freund, als treuer Mann sterbe? — (wird weggeführt)

Hanno.

Hanno. Ha, Verruchter! — — Und nun, ihr Priester — sogleich mit dem Opfer an den entheiligten Altar! Vor meinen Augen hier soll sich's für der Götter beleidigte Majestät verbluten — und Esthwold dabey stehn!

Esthwold. Erbarmen, Hanno!

Roßwina. O ihr Götter! wie viel Tode soll ich denn sterben!

Esthwold. Erbarmen, Vater!

Hanno. Verstumme! — (winkt den Priestern, die Roßwind'n die Stufen hinauf an den Altar führen)

Esthwold. Erbarmen! Erbarmen!

Hanno. Sprich jenen Felsen drum an!

Esthwold. (ausser sich) Nun bey den Göttern! so sollt ihr doch euren Willen nicht haben! Am Altare wenigstens soll Roßwina nicht bluten! — Ihr Priester da! haltet ein und merkt auf! Vernehmt es, Hanno! Roßwina kann als Opfer nicht bluten! das Opfer wär' unrein!

Hanno. Wär' unrein?

Esth-

Esthwold. Sagt, was fodert die Gottheit?

Hanno. Das Blut einer Jungfrau.

Esthwold. Und also dient euch drauf zum Bescheide: Roswina kann als Opfer nicht bluten! Sie ist Weib, ist Mutter, ist mein Gemahl!

Hanno. (äuserst heftig) Dein Gemahl? O ihr Götter, was haben meine Ohren gehört! — Haltet ein, Priester! die Gottheit muß ein reines Opfer ersehen! — — Ausgearteter Sohn, der du bist! Ist das der schmeichlerischen Hoffnungen Fülle, die ich von dir so emsig in mein Tagebuch eintrug? Also trittst du göttliche und menschliche Geseze unter die Füße? So fängst du's an, um meines Alters Freud' und Stüze zu seyn? Mußte sich Hanno so überleben!

Roswina. (die von den Priestern wieder herabgeführt worden ist) Laßt euren Zorn über ihn sich legen, gnädigster Fürst! Mein ist alle Schuld! mein, (auf ihr Gesicht zeigend und dieser unglücklichen Zierrathen! — Ich war's, deren Dichten und Trachten nur dahin gieng, ihn damit an mich zu locken und in mein Garn zu ziehen!

ziehen! ich bestrickt' ihn mit aller durchtriebenen Weiberlist! ich gewann, gleich einer falschen Spielerinn, seine Liebe; und meine listigen Thränen brachen so lang' aus ihrem Hinterhalte gegen ihn hervor, bis er sich an mich ergeben, und mir diesen verbotnen Bund unterzeichnen mußte.

Esthwold. Nicht also, Hanno! kehrt die ganze traurige Geschichte gerad' um, so habt ihr die wahre! Ich beschliche sie um ihre Willfährigkeit! Was ich nur thun, was ich nur erfinden konnte, sie zu berücken, das that ich, das ersann' ich! Hundertmal schlug sie heldenmäßig meinen Angriff zurück; und hundertmal wagt' ich meinen Angriff von neuem! Bitten, Verheissen, Zusetzen, Drohen, alles stellt' ich gegen sie auf! Endlich schien' ich unter'm rastlosen Tumulte meiner Leidenschaft zu erliegen — das sah sie, und ans Mitleid ergab sie sich mir.

Roßwina. Laßt euch ja nicht von ihm beschwätzen, gnädigster Fürst —

Hanno. Schweigt beyde! — und wär's auch möglich, daß sich bey mir hier inwendig noch so etwas für euch regen könnte, so sind eure

eure Verbrechen doch für Götter und Völker zu unerhört — und ich bin der Welt an euch ein ehrwürdiges Gerechtigkeitsbeyspiel schuldig. — — (zu Balderich) Man verhafte sie in abgesonderte Behältnisse, bis zur Stunde ihres warnenden Beyspiels!

Esthwold. O nur nicht abgesondert, Waterfürst!

Roßwina. Nur in den letzten Augenblicken noch einander gegönnt!

Hanno. Soll euch gewährt seyn, sobald ihr den Weg zur Richtstätte antreten werdet. Dann sollt ihr euch drücken und küssen; eins soll das andre zittern und büßen sehn; auch euer Blut soll sich mit einander vermischen; denn nur mit dieser widerartigen Vermischung kann Hanno den Makel aus seinem Geschlechtsregister tilgen! — (geht mit einem Theile der Leibwacht ab.)

Siebender Auftritt.

Esthwold. Roßwina. Balderich. Wache.

Roßwina. Esthwold!
Esthwold. Roßwina!

G   Roß-

Roßwina. Du um mich, Esthwold!

Esthwold. Du um mich, Roßwina!

Roßwina. Und Hilderich unser Unmündiger!, wer bleibt dem übrig?

Esthwold. Seine Vormünder, die Götter! — — Aber so geschieden zu werden, Roßwina?

Roßwina. Ist! hart! — — Doch weißt du, was mir einfällt, Esthwold? — Als wir den heiligen theuren Bund schlossen, sprachen wir uns nicht wechselsweise Muth zu auf alle Gefahren, die uns überkommen möchten? Jetzt werden wir mit unserm Muthe auf die Probe genommen. So laß uns denn Probe halten! Unser Finden war des Scheidens wohl werth! so laß denn auch unser Scheiden des Findens wohl werth bleiben!

Esthwold. O Weib! Weib! was legte die Gottheit nicht alles in dich! — (ihre Hand fassend und drückend) Wir wollen Probe halten, Roßwina! von nun an unter uns kein Beklagen, kein Seufzer mehr! nichts mehr dergleichen! wir wollen stark seyn, Roßwina! (Gesicht und Ton widersprechen dem folgenden) Du mußt mir's an-

ansehen können, wie so stark ich auf einmal bin!

Roßwina. (Gesicht und Ton widersprechen dem folgenden) Du mir's desgleichen!

Esthwold. Halt dich dabey!

Roßwina. Und du!

Esthwold. Leb wohl! Roßwina!

Roßwina. Esthwold, leb wohl!

Esthwold. (reißt sich von ihr los, geht unter Balderich's und eines Theils der W'che Begleitung einige Schritte fort, bleibt dann plötzlich stehen, und sieht sich sehnend nach ihr um) Roßwina!

Roßwina. (die unter ihrer Begleitung stehn geblieben und ihm unverwandt nachgesehen) Esthwold! warum gehst du nicht?

Esthwold. Und warum folgst du mir nicht?

Roßwina. Dir's recht abzumerken, wie stark du bist!

Esthwold. Doch scheint dir eine Thrän' im Auge zu zittern?

Roßwina. Ung dir ein Seufzer die Brust zu pressen?

Esthwold. O Roßwina — wie so bald ist's gesagt: Ich bin stark!

Roßwina. (gesetzt) Noch scheiden wir ja nicht, Esthwold! wir sehen uns auf der Richtstätte wieder. Und versprach uns nicht Hanno, daß wir uns da drücken und küssen sollten? Er wird doch Wort halten? — Immer geh' beherzt voran, Esthwold! —

Esthwold. O Weib! Weib! wenn's zur That kömmt, beschämst du den Mann! — (er geht unter seiner Begleitung voran, und Roßwina folgt ihm unter der ihrigen)

Dritter Aufzug.

Erster Auftritt.

(Gefäugniß in Hanno's Burg.)

Esthwold. (sitzend) Balderich (in einiger Entfernung von ihm stehend.)

Esthwold. (mit verächtlichem Betragen) Behalt deinen guten Rath für dich, guter Freund! Ich wüßte mich nicht zu erinnern, daß ich diese deine ganz unerwartete Besorgniß um mein Leben

ben jemals um dich verdient haben sollte — mit meinem Vorsatze wenigstens niemals!

Balderich. (niedrig schmeichlerisch) Ihr seyd mein gnädigster Prinz — —

Esthwold. Ich will mich drauf besinnen, und dir's alsdann beantworten. Es hat ja wohl Zeit?

Balderich. Meines Prinzen Gnade muß ich erwarten, wie der Schleebusch den Sonnenschein —

Esthwold. Dein Gleichniß hinkt zum Erbarmen, Balderich. Der Schleebusch will Sturm und Hagel, wenn er Blüthen treiben soll. Weißt du das nicht?

Balderich. Aber wenn er sie getrieben, muß Sonnenschein doch seiner Blüthe Frucht reifen.

Esthwold. Damit geht's langsam her, mein Freund; und doch bleibt die Frucht sauer und unschmackhaft. — Genug, genug! ich wär' jetzt gern mit mir allein in besserer Gesellschaft.

Balderich. Und so schimpflich wollt ihr mich mit meinem Eifer für euer Leben abweisen?

Æthwold. (nach und nach in Hitze gerathend) Wie der Spieler, so der Ton, und wie das Stückchen, so der Tanz. — Mir den Antrag zu thun, Roßwina'n zu vergessen, wie den gestrigen Tag, und mich einer andern an den Hals zu werfen, wie ich etwa Tages drauf ein ander Gewand über mich werfe? Mir das als Lösegeld meines Lebens vorzuschlagen? Wenn mir's ein Fremder gethan hätte, ich hätt' über den Schwätzer die Achseln gezuckt, und ihm, wie einem elenden Projektmacher, einen Zehrpfennig auf den Weg gegeben. Aber daß du hertrittst, Mensch, der du weißt, daß ich um Roßwina dieß Behältniß Hanno's ganzer Burg vorziehe — daß du mit dieser Stirne da hertrittst, der du das weißt, und mir solch Gebot thust! — welcher Teufel war für die Hölle zu schelmisch, daß er hinter dieser Stirne seine Freystadt suchen mußte!

Balderich. Mein gnädigster Prinz halte mir's zu gute, wenn ich seine Ereiferung vielleicht noch mehr reitzen und ihm sagen muß, daß er sich übereilt. Ich bin hier weiter nichts als Sprachrohr, und durch mich spricht eure Roßwina wört-

wörtlich. Sie sendet mich mit diesem Antrag' an euch, und bittet sich eure Willfahrung zum Siegel eurer Zärtlichkeit gegen sie aus.

Esthwold. (gegen ihn aufspringend) Du lügst, Kerl! Roßwina ist ein Engel, und hätte den Teufel hinter deiner Stirne nicht entdecken sollen? — Und wenn sie denn nun auch keinen andern Boten gehabt, so mag's durch dich so bestellt seyn, als sie's hat bestellt haben wollen; und so sag' ihr wieder, ich dankte ihr von ganzem Herzen für diesen Wink auf Standhaftigkeit.

Balderich. Gnädigster Prinz —
Esthwold. Du hast deine Abfertigung.
Balderich. Man stirbt nur einmal —
Esthwold. (heftig) Ich will allein seyn!
Balderich. So wünsch' ich euch nie eine einsame Stunde, gnädigster Prinz — (geht hinaus)

Zweyter Auftritt.

Esthwold. (geht herum und wird allmählich wieder kalt) Das Geschmeiß das! Hat man nicht Plage, daß man sich seiner auch bey trübem Himmel erwehrt! — — Von solchem Wurme mir Leben anbieten lassen sollen, der froh seyn muß, daß er selbst noch das bischen Kraft behält, zu kriechen und sich zu winden! Pfui! das und dergleichen hat mir schon manchmal das Leben zum Eckel gemacht! — Leben! Leben! der Mensch läßt sich trillen, hudeln, abmatten, ausmergeln, peinigen und verstümmeln drum! und was ist am Ende die ganze Herrlichkeit? Wir wollen sie uns doch, Stück vor Stück, gleich an den Fingern herzählen, weil wir nichts bessers zu thun haben. — Als Kinder zittern wir vor Scheltwort und Ruthe. Wir werden größer und mann hat, klatschen in die Hände, daß wir dem Schelten und der Ruthe zu Kopfe gewachsen sind, und sieh, da fangen uns Glück und Liebe zu karbatschen an aus einem Winkel in den andern. Wir rücken, wenn's glückt, in die Jahre, meynen, wenn wir ja was erworben, uns rechte Güte damit zu thun, und müssen unter der Bürde des Alters ächzen und kreissen. Heute zittern wir vor Begierde, das Ding zu haben, morgen vor Furcht, es zu verlieren. Schurken haben ewigen Krieg mit sich und unter sich; Biederverkerlt müssen, sich mit Trug und Neid herumbalgen. Schattenwerk, Posse, Traum, Thorheit sind die Buttervögel, nach denen wir haschen; und wenn's uns endlich so gut wird, daß uns die Augen über der Narrethey aufgehen, so legen wir uns hin, und sterben. Das ist nun des Lebens ganze große gepriesene Herrlichkeit! — Ja! wenn's wahr wäre, was der Wurm vorhin pipte — „man stirbt nur einmal„ — ich wüßte nicht — —

Dritter Auftritt.

Selgar. Esthwold.

Selgar. (stürzt mit dem heftigsten Entzücken herein und drückt Esthwold an sich) Laß dich an mein Herz drücken, Bruder! vest, vest an mein Herz drücken!

Esthwold. (erstaunt) Bruder! Bruder! du hast Erscheinungen. Sieh dich um! du bist in Esthwold's Gefängnisse — Ist das die Miene des letzten Abschiedes, das die brüderliche Thräne auf mein Grab?

Selgar. Was Abschied! was Thräne! was Grab! Laß mich's dir zuerst sagen, daß du der glücklichste Mann bist! Vater Hanno ist mit dir ausgesöhnt, hat alles vergessen, schenkt dir seine Zärtlichkeit, schenkt dir Weib, Kind, Freyheit und Leben wieder!

Esthwold. Halt, Selgar, halt! um meines Lebens willen, halt! des Guten zu viel auf einmal! Füttre mich, füttre mit Maßen! nur stopf' nicht! ich würge sonst dran! weniger auf einmal, lieber Selgar! ich möcht's gern alles rein ausschmecken!

Selgar. So fodre denn nur, fodre! was? und wieviel?

Esthwold. O was nehm' ich zuerst! — Mein Vater mit mir, mit Roßwina ausgesöhnt! und schied nur vor kurzem noch von uns im Hayne als der unerbittliche Engel des Todes?

Selgar. War's auch! alles Volk beugte vor ihm, als er so, gleich einem furchtbaren Gotte, zurück kam, im Vorhofe der Burg um eure Erhaltung die Knie; — vergebens! Vor seinem Tritte zitterte das gebeugte Knie, und gegen seinen zürnenden Adlersblick vermochte das

schwache

schwache Auge des Flehens nicht aufzukommen. —
Ich eilt' ihm nach, warf mich vor ihm hin,
und er stieß mich zum erstenmale von sich! da
war mir's um euch gethan, ihr Lieben — als
eben Ornithe herein drang und für dich zu eifern
anfieng.

Esthwold. Für mich zu eifern? Ornithe,
der ich so trotzig den Rücken wandte?

Selgar. Sie! Sie! — O wenn du nur
diese Halbgöttinn in all ihrer Glorie kennen soll-
test! — Was sprach sie nicht! wie nahm sie sich
nicht an, um für dich zu gewinnen! Was du gethan, ward in ihrer Sprache ein Leuchtthurm;
was du verbrochen, ein daneben am Ufer stehen-
des winziges Fischerzeichen; und alles Wahrheit, alles Wahrheit in ihrem Munde! Fand
sie den einen Weg zu Hanno's Herzen verschüttet,
so schlug sie den andern ein; und so ihrer zehne
und aber zehne nacheinander, unverdrossen und
unermüdet. Volk, Gerechtigkeit, Verdienst,
Ruhm, Mitleid, alles ließ sie auftreten, und
für euch sprechen. — "Seht mich an, Han-
no„ — (sagte sie zuletzt —) "Wie bin ich von
ihm beleidigt! und ich, Alarich's Tochter, ver-
gab

gab Hanno's Sohne, und bitte bey Hanno für ihn!„ — Da erröthete Hanno, und der Vater fieng an zu wanken; und da gab mir's ein Gott ein, daß ich zu deiner Roßwina flog. Die liebe Mutter hatte sich ihren Knaben bringen laſſen, und hielt ihn an den naſſen Buſen gedrückt, daß der Junge laut aufſchrie; und ſo packt' ich ohn' einen Laut Knaben und Mutter vor mich, trug ſie nach Hanno's Gemach, und ſetzte ſie ſo vor ihm nieder. Da war's um Hanno geſchehen! Da ſiegte Blut und Natur! da griff er nach Roßwina, als nach ſeinem Weibe, und hob ſie vom Boden auf; riß den Knaben an ſeine Bruſt, und weinte ſeine guten dicken vollen Thränen mit uns über ihn hin! —

Eſthwold. (Selgar'n heftig mit dem Arme um die Schultern faſſend) Bruder! Bruder! komm Bruder! ich muß meines Vaters Thräne dem Jungen vom Munde küſſen, eh' ſie verſiegt!

Selgar. Halt dich, Bruder! würdſt ihm halb ſeine Freude verkümmern! Hier will er dich ſo mit Weib und Kind ſelbſt überraſchen; und ich werd's bey ihm zu entgelten haben, daß ich ihm

ihm im Drange meiner Seele bey dir zuvorkam.

Esthwold. (begeistert) Mir das zu thun! mir das alles zu thun! mir all das Alles zu thun! — Und was that ich ihm dagegen? Nichts! all nichts! O Vater Hanno! jetzt treten meine Verbrechen in ihrer Riesengestalt vor mich; jetzt muß ich mich vor dir hinwerfen in den Staub, daß ich meine Augen nicht vor dir aufschlagen darf! O könnt' ich doch nur auch der Vermittler zwischen dir und Alarich seyn! — — (in Gedanken, woraus er plötzlich auffährt) Selgar! Bruder! tritt du an meiner Statt für Vater Hanno's Ehre aus den Schranken! du kannst's! gib Ornithen vor meinen Augen deine Hand und Hanno's Alter bleibt ohne Kummer.

Selgar. (feurig) Bruder! wozu ersiehst du mich? Für Ornithen? — O so muß ich dir's denn kund machen — ich liebe sie — liebe sie mehr als meinen Augapfel! — (befürchtend) aber — —

Esthwold. (aufmerksam und hastig) Was, Bruder?

Sel.

Selgar. Ist sie nicht Hanno's Erben zugesagt?

Esthwold. Weiter nichts, als das?

Selgar. Und das ist dir als nichts?

Esthwold. Weniger, als nichts! Vater Hanno's Alter ist ohne Kummer! dein ist Ornithe! denn Selgar ist Hanno's Erbe!

Selgar. (voll Erstaunen) Selgar, Hanno's Erbe?

Esthwold. Wie er's gewesen wäre, wenn mein Leben nicht das Geschenk seiner Bruderliebe war!

Selgar. Bruder!

Esthwold. Mach' mich nicht schamroth mit meinem kleinen Gegengeschenke! nimm den Willen für die That, und sey still!

Selgar. Aber unser Vater? —

Esthwold. Hat einen würdigen Erben! Ich Armer, daß ich kein größer Opfer für euch habe!

Selgar. Thron und Zepter!

Esthwold. Weib und Kind! Ihr gabt mir mehr!

Selgar. Bruder! Bruder! — (seine Hand
drückend) Hanno's Thron verliert! du bist der
Größere von uns beyden! dein Zepter hätt'st
du behalten können, aber um dein Herz neid'
ich dich.

Esthwold. Und ich dich um deinen Neid! —
Aber sag' mir, kömmt Vater Hanno nicht bald?

Selgar. Ich will ihn dir im Triumph'
aufführen! — (ihn küssend) und zum Triumphe
für dich! — (geht)

Vierter Auftritt.

Esthwold. O mein Weib und Kind! ihr
Elemente meiner Seele! bald soll ich euch wie-
der in meinen Armen haben, wie der erste
Mensch sein Weib und Kind, frey und sicher! —
O ihr Götter! Laßt mich mit ihnen den ersten
von Selgar's glücklichen Unterthanen seyn! —

Fünfter Auftritt.

Esthwold. Hiaskal.

Hiaskal. (ein Blatt in seiner Hand) Prinz
Esthwold!

Esth-

Esthwold. Ihr, Hiaskal? Ihr hättet lang' auf mich warten können.

Hiaskal. (aufs Gefängniß deutend) Wie ich hier sehe!

Esthwold. Und wer wieß euch hieher?

Hiaskal. Prinz Selgar.

Esthwold. Und erzählt' euch auch —?

Hiaskal. Nichts, Prinz, weil er nicht konnte. Ich hätt' ihn schier umgerannt, um bey euch zu seyn.

Esthwold. O lieber Hiaskal! große Entdeckungen!

Hiaskal. Unmöglich größer, als meine, Prinz —

Esthwold. Kein Gefangener unter der Sonne muß das heutige Tageslicht so segnen können, als ich!

Hiaskal. (verdrüßlich) Wie wär's denn euch schon kund worden?

Esthwold. (ungeduldig) Was denn?

Hiaskal. Daß Roßwina meine Tochter nicht ist?

Esthwold. (zweifelhaft zufahrend) Nicht eure Tochter?

Hias-

Hiaskal. (freudig) Eure Schweſter, Prinz! eure Schweſter!

Eſthwold. (zurückprallend) Meine Schweſter? — (voll ernſter Faſſung) Hiaskal — treib mir nicht Scherz mit Roßwina!

Hiaskal. Bewahren mich die Götter, daß ich mit Hanno's Tochter Scherz treiben ſollte!

Eſthwold. (wild) Mit Hanno's Tochter?

Hiaskal. Mit eurer Schweſter, Prinz! mit eurer —

Eſthwold. (drückt ihm die Hand auf den Mund) Verſchlingt das Wort, Hiaskal, oder ſeyd ſtumm auf ewig!

Hiaskal. So würde dieß Blatt doch reden, Prinz!

Eſthwold. Welch Blatt?

Hiaskal. (zeigt's ihm hin) Hier hab' ich's! Hier ſteht's geſchrieben! Roßwina iſt eure —

Eſthwold. (drückt ihm wie vorhin die eine Hand auf den Mund, und will ihm mit der andern das Papier wegreiſſen) Weiſt her!

Hiaskal. (das Blatt hinter ſich haltend) Erſt muß ich euch den Schlüſſel zur Pforte dieſes Ge-

heim-

heimnisses geben. — Am Todesbette meines Weibes stand ich damals, und gesegnete sie. Da zog sie dieß Blatt aus ihrem kochenden Busen hervor, und gab mir's. Doch nahm sie mir zuvor mit kalter Hand den heiligsten Eid ab, es nimmer zu öffnen, bevor nicht Roßwina's Gefahr mich meines Eides entbände.

Esthwold. (wild) Nun ich dächt', ihr wärt seiner diesen Morgen entbunden gewesen zur Gnüge?

Hiaskal. Habt ihr nur erst vom Griffel der Zeit so viel Jahre auf eure Stirne gezeichnet, als ich; ihr sollt mir die Frage so nicht mehr thun, wie ihr sie thatet. — So von lange her! und wie viel seit dem durch diesen alternden Kopf gieng! — Kurz, Prinz — hätt' ich's nicht bey meinen Kostbarkeiten aufbewahrt, es würde mir so nicht entfallen seyn!

Esthwold. (wie vorher) Und kam euch so eben zu Händen?

Hiaskal. Als ich mich zur Flucht rüstete. Ihr sagtet mir ja, ich sollte zu mir stecken, was ich fortbringen könnte; da fand ich's bey meinem bestaubten Geschmeide.

Esth-

Esthwold. Weist! weist!

Hiaskal. Noch nicht, Prinz! ihr müßt erst weiter hören.

Esthwold. Noch weiter!

Hiaskal. Könnt ihr euch wohl so als im Traume erinnern, wie zugethan eurer Mutter mein Weib war? Auch im Tode verließ sie sie nicht, und folgt' ihr.

Esthwold. So halb und halb.

Hiaskal. Erkennt ihr dieß für eures Hauses fürstliches Insiegel?

Esthwold. Ja, ja doch! Zwickt mir nur nicht durch euer Zaudern und Fragen Glied vor Glied ab! Gebt euer Blatt her, und zermalmt mich auf einmal!

Hiaskal. Was führt ihr für Reden, Prinz? nehmt hin und lest!

Esthwold. (liest zitternd und bebend) „Roß„wtna ist Hiaskal's Tochter nicht, sondern fürst„lichen Blutes; Hanno ihr Vater, Clotilde „ihre Mutter. Das übrige steht auf einem an„bern Blatte geschrieben, das am Altare in der „geheimen Burghalle vergraben liegt, dem sich „nur der Fürst nähern darf. Daß ihm aber „also

„also ist, so bewegt nur bey euch! Clotilde starb drauf!" — (steht voll starres Entsetzens)

Hiaskal. Wie geberdet ihr euch, Prinz? Was will dieß stumme Erstarren? — Lieber entdeckt mir auch eure Entdeckung!

Esthwold. Geh, Alter! geh!

Hiaskal. Mir das für meine Botschaft? Eine Schwester, wie Roßwina, zu finden, wär', dächt' ich, ein so treflicher Fund —

Esthwold. Schweig, und laß mich! du brätst mich an langsamem Feuer!

Hiaskal. Nun bey den Göttern! so muß mir doch Hanno mit seinem Blatt' über alle diese Mähr Licht geben können! — (geht)

Sechster Auftritt.

Esthwold. Licht! schreckliches Licht! wer doch in des Todes Finsterniß läge! — O ich Scheusal! Warum, ihr Götter, hab' ich noch des Erstarrens Bewußtseyn über meine Greuel? Warum entlaßt ihr meine Sinne nicht all' ihrer henkerischen Dienstfertigkeit? Warum fühl' ich mir das Haar noch zu Berge stehn? warum noch mein Herz sich zerarbeiten, und meine Gebeine

erbe-

erbeben? Straft ihr also den Fehl der Unwissenheit? Nein! Ihr nehmt Rache an mir für den verbotnen Bund mit Roßwina, ihr schrecklichen Rächer! — — Da steh' ich, und sehe, wie alles Volk mich mit dem Finger bemerkt, als einen von euch Gezeichneten! und vor mir flieht, wie vor einem Aussätzigen! Da hör' ich, wohin ich höre: Roßwina ist Esthwold's Schwester und Weib! Hanno Esthwold's Vater und Schwieger! Hilderich Esthwold's Sohn und der Sohn seiner Schwester! — O segnet mich mit Blindheit, ihr Götter! benedeyt mich mit Taubheit! Seyd gütig, und gewährt mir, daß ich in Wahnwitz einher wandle, und meines Elends lächle! — Nein! nein! eure furchtbaren Geister sollen mich umher peitschen, eure Rache zur Schau an mir durch die Länder zu tragen! Schon sind sie hinter mir mit ihren flammenden Geisseln! ich muß fort! fort! — (indem er fort will, treten die Folgenden herein.)

Siebender Auftritt.

Ornithe. (an ihrer Hand) Hilderich. Hanno. (an seiner Hand) Roßwina. Selgar. Esthwold.

Ornithe. (ihn anhaltend) Prinz!

Esthwold. Laßt mich, Ornithe! die Götter wollen's so! Sie haben mich zur Schaumünze ihrer Rache geprägt.

Hanno. Mein Sohn!

Esthwold. Sagt, daß ich's nicht bin, und ich will mit Freuden des Tages die Heerden eures Feldes weiden, und euch des Abends zu Tische dienen!

Hanno. Wo ist mein Sohn Esthwold?

Esthwold. Sucht ihn nicht, Hanno!

Hanno. Ich führ' ihm sein Weib und Kind zu. Er soll mich mit ihnen in seine Arme schließen!

Esthwold. Weg mit ihnen!

Selgar. (ihm Hilderich vorstellend) Dein Hilderich, Bruder!

Esthwold. Mir aus den Augen mit ihm!

Roßwina. Und deine Roßwina, mein Esthwold!

Esthwold. Von meiner Seite mit ihr!

Roßwina. So könnte mich Esthwold verstoßen?

Esthwold. Wie mich die Götter verstoßen! O wo verberg' ich mich hin, daß ich vergessen werde?

Hanno. Vor wem?

Esthwold. Vor euch! vor Menschen! vor Göttern! vor mir selbst! — In Klüfte, wohinein kein Tageslicht blickt, in Wüsten, wo noch kein menschlicher Fußstapfen war — dahin peitscht mich, ihr Geister, daß ich dort meines Namens Gedächtniß begrabe!

Hanno. Und Vater?

Selgar. Und Bruder?

Roßwina. Und Weib?

Ornithe. (mit Hilperich) Und Kind?

Esthwold. Weg Vater! weg Bruder! weg Weib! weg Kind! ich mag nicht Sohn, nicht Bruder, nicht Mann, nicht Vater seyn! Laß sich die Namen aufspielen, wem sie wohl klingen! mir sind sie Rabengeschrey!

Hanno,

Achter Auftritt.

Balderich. Vorige.

Balderich. Gnädigster Fürst — Hiałkal bittet um alles, ihn vor euch zu lassen. Er hätt' euch seltsame Mähr zu bringen.

Esthwold. (wild) Geht, geht, Hanno! holt euch die Mähr! laßt sie euch in feine Reimlein setzen, und vor eurer Burg absingen, die liebe neue Mähr! Werden die Leute nicht ihre Freude dran hören!

Hanno. Was ist das? — (zu Balderich) Ich komme! — (Balderich ab) Ist's Verstellung? ist's Tollheit? Nimm seiner wahr, Selgar! — (geht)

Roßwina. Was ist dir, mein Esthwold?

Esthwold. Fragt nicht! und vergeßt mich!

Roßwina. O bey jenen ersten glücklichen Augenblicken beschwör' ich dich, Esthwold, da du mich's zu überreden trachtetest, ich sey deiner Augen Lust, deines Herzens Gnügen —

Esthwold. (steigend) Schweig davon!

Roßwina. Beschwöre dich bey dem unentweihten Bunde unsrer Liebe —

Esth-

Esthwold. Schweig, schweig! jedes Wort von dir ist mir eine feurige Natter am Herzen!

Roßwina. Nun — und wenn denn ich nicht mehr Gehör vor dir finden soll, so beschwöre dich dieser Unmündige! es ist dein Sohn! dein Ebenbild!

Esthwold. O daß ers nicht wäre! — (faßt Hilderich weggewandt, wie er denn den ganzen Auftritt hindurch weggewandt spricht, bey der Hand) Knabe, wachse nicht auf, um Vater und Mutter zu fluchen! Lächle deine Wärterinn zur bösen Stund' an, daß sie über dir ergrimme, wie Tücke über's Lächeln der Tugend, nach dem ersten spitzigen Werkzeuge greife, und dir's durchs Herz stoße! — (wirft wild Hilderichs Hand wieder von sich)

Roßwina. Götter! Was thatst du?

Esthwold. Ich gab dem Knaben meinen Segen! — (will fort)

Roßwina. (stellt sich ihm in den Weg) Ich lasse dich nicht, mein Esthwold!

Esthwold. (schleudert sie gewaltsam von sich zurück) Hinter mich, Schwesterweib! — (wild ab)

Selgar. (erschrocken) Ha! was war das? — (nimmt Hilderich auf und eilt ihm nach)

Neunter Auftritt.

Ornithe. Roßwina.

(Roßwina, auf der Bank des Gefängnisses, die Augen starr auf den Boden geheftet.)

Ornithe. (mit ihr beschäftigt) Hör' mich, Roßwina! nicht die Augen so störrisch am Boden! sieh mich an, Weib! zu unsern Füßen brütet Verzweiflung, aber über unserm Haupte sonnt sich die Zuversicht. Sieh mich an, Weib! erwach' aus deinem Todesschlafe! der schlimmste Rath ist gar keiner. Und wenn du dir nicht anders zu helfen weißt, so lüfte deinen Schmerz! klage! weine! Nur rede! nur antworte!

Roßwina. (ihre Augen allmählich zu ihr aufschlagend) Was reden? was antworten? Weiß ich denn selbst, was über mir hängt? — Klagen? Weinen? — (indem sie langsam aufsteht) Ja — wenn ich das könnte — — wie wohl sollte mir's thun! — (schleicht hinaus)

Zehnter Auftritt.

Ornithe. Was für ein Land der Verwirrung ist dieses! O warum sandte man mich hieher, den Menschen in der Fülle seines Leidens und

und Schreckens zu sehen! — Schicksal! Schicksal! du spielst dem Menschen zu arg mit! Und wenn dich das wurmt, so nimm mich mit in Gesellschaft, damit ich nicht die einzige unter diesen bin! — (geht)

Eilfter Auftritt.

(Ein andrer prächtiger Saal in Hanno's Burg)

Esthwold. Selgar.

Esthwold. Ha, Grausamer! mich in Ornithens Brautsaal zu führen? Wollt ihr mir mit diesem Gepränge den letzten Druck geben? So komm, Selgar! so komm!

Selgar. Bald geb' ich den starken Esthwold verloren. Wie ist's mit dir, Bruder? Mann! schände den Namen nicht! Erhärte dich und ersteige die Zinne des Starken! — Willst du's deinem Kriegsknechte anrechnen, wenn er unter deinem Panier im feindlichen Heere unwissend Vater und Bruder mordet? — Derselbe Fall mit dir und dem Schicksale, Esthwold!

Esthwold. (tiefsinnig) Aber wenn er's entdeckte? den stöhnenden Vater und röchelnden Bruder erkennte? und dann noch mit Wohlgefallen an-

seiner That sagen könnte: Was kann ich dafür! —
Wer's hörte, müßt' ihn anspeyen! — Der Mann
bin ich, Selgar! ich hab' entdeckt, erkannt! und
doch hat meine Leidenschaft immer noch ihr inni-
ges Wohlgefallen an der That, und spricht mit
heller Stimme: was kann ich dafür! — Ich kann
auch von Schwester Roßwina nicht lassen! und
drum laßt mich sterben, als Mann! —

Zwölfter Auftritt.

Kiorban. Vorige.

Kiorban. Gnädigster Prinz —

Esthwold. (wirft sich ihm um den Hals)
Freund Kiorban — o woher du mir?

Kiorban. Fürst Hanno hat mir Gnade
wiederfahren lassen, mit dem Befehl', euch für
ihn aufzusuchen. Er kam mit Hiaskal aus der
Burghalle, als man mir den Kerker öffnete. Beyde traten mit gar frölichen Gesichtern einher, und
Esthwold war fast ihr einziges Wort. Ich warf
mich dem Fürsten zu Füßen; und da erhielt ich
diesen angenehmen Befehl von ihm.

Esthwold. Kömmst jetzt zum erstenmal' an
den unrechten Mann, armer Kiorban! ich kann

meines Vaters Anblick forthin nicht ertragen! ich muß anders wohin; und das mag er mir nicht verargen. Mein Weg geht über Dornen und Hecken und spitzige Felsen hinauf zur Klippe, hinauf! und dann — ich und ihr den Göttern befohlen! — (er will fort, sie halten ihn, er entreißt sich ihnen, will hinaus, und Hiaskal stürzt sich ihm um den Hals)

Dreizehnter Auftritt.

Hiaskal. Vorige.

Hiaskal. O mein Sohn! o mein Sohn!

Esthwold. Wollt ihr, daß ich euch hassen soll? So nennt mich noch oft bey dem Namen!

Hiaskal. Daß du mich lieben sollst, mein Sohn! mein Sohn Esthwold! mein trauter Sohn Esthwold! mich deinen Vater lieben sollst, der ich's bin! der ich dich nicht um zehn Töchter vertauschen möchte, edler Mann! und mein Sohn! — O mein wahrsagendes Herz, daß du nicht Hanno's Sohn warst! —

Esthwold. Ihr schwärmt, guter Alter! die heutige Opfergeschichte hat euch den Kopf verrückt! ihr schwärmt! — (indem Roßwina hereintritt) O ihr Götter! Roßwina! (will entfliehen)

Vier-

Vierzehnter Auftritt.

Roßwina. Vorige.

Roßwina. (hält ihn) Bleib, lieber Esth, wold! ein Weib hast du wohl noch, aber keine Schwester mehr.

Esthwold. Laßt mich von dannen! ihr täuscht mich nur, um mich aufzuhalten! und wozu?

Fünfzehnter Auftritt.

Hanno. (mit seinem Gefolge) Vorige.

Hanno. (im Hereintreten) Niemand täuscht dich, Esthwold! Alles die Wahrheit!

Esthwold. (bedränzt) O wenn ihr so mit mir Unglücklichen spielen könntet, das hiesse grausamer gespielt, als der Tieger mit seinem Raube!

Hanno. Gib dich zur Ruhe, und hör' mir zu! du bist mein Sohn nicht; wardst mit Roßwina'n schon in den Windeln vertauscht. Sie ist mein, und du bist Hiaskal's. Mein Weib foderte dich von deiner Mutter zum Geschenk, und war damit auf einen Erben meines Thrones bedacht. Nachher kam Selgar zur Welt, und nun sah sie die Frucht ihres eignen Leibes hintangesetzt, wollt' es aber nicht wagen, mir das Geheimniß zu entdecken,

decken, weil sie nicht wußte, wie sehr du der Sohn meines Herzens warst; und nur erst in ihren letzten Stunden zeichnete sie die Ereigniß auf zwey verschiedene Blätter. Eins, was du von Hiaskal bereits in Händen gehabt, vertraute sie seinem Weibe, ihrer Freundinn an; das andre, das ich dir hier vorzeige, verbarg sie im Heiligthume der Gottheit.

Esthwold. Und warum nicht alles auf Einem?

Hanno. Mit jenem da wollte sie nur unter eigenhändiger Betheurung Roßwina's fürstliche Entsprießung darthun; aber das wichtige Geheimniß deiner Geburt konnte sie in keines Menschen Verwahrung geben, als in meine; damit ich's, als ich's gut fände, offenbaren oder verschweigen könnte. Drum verbarg sie's auch nur dahin, wohin nur ich kommen darf.

Esthwold. Sollt' auch das Schicksal wohl wieder einen Affensprung mit mir vorhaben?

Hanno. (giebt ihm das Blatt) Lies hierinn deine Beruhigung! —

Esthwold. (liest vor sich)

Sechszehnter Auftritt.

Ornithe. Vorige.

Ornithe. Sind die erfreulichen Gerüchte wahr,

wahr, Fürst Hanno, die rings herum in eurer Burg erschollen sind?

Hanno. Wahr, Prinzeßinn! Hier stell' ich euch euren Gemahl, den Erben des Reichs, vor. Jetzt nennt er sich Selgar.

Selgar. Wenn nur auch die schöne Ornithe den Tausch des Schicksals genehmigt?

Ornithe. Das Schicksal bestimmte mich dem Erben des Reichs, und ich folge meiner Bestimmung.

Selgar. Und wenn, o wenn wird mir endlich dein reizender Mund den Götterspruch thun: Ornithe liebt Selgar'n!

Ornithe. Verlangst du nur Worte, Selgar?

Esthwold. (nachdem er gelesen) Und ich bin also der Zepterräuber in voller Unschuld, auf den der Ausspruch der Götter deutete?

Hanno. Du! und meine Roßwina ist dein! — Und wer dereinst Nordens Geschichte durchflittert, der sage wenigstens, wenn er beym Abende dieses Tages Athem holt; — Gerecht blieb Hanno! — und Dank den Göttern, daß Hanno gerecht blieb! —